Angelika Rätzke

MYTHOS TARNEWITZ

Geheimnisse einer Halbinsel

Boltenhagen Verlag

Fachliche Beratung: Udo Jens, Mathias Jens
Mitarbeit: Dorian Rätzke
Schlussredaktion: Klaus Neitzkow

Der Boltenhagen Verlag dankt allen, die zum Entstehen dieses Buches beigetragen haben. Ergänzende Hinweise, Erlebnisberichte, Fotos und Dokumente zur Geschichte der Halbinsel Tarnewitz sind jederzeit willkommen.

Impressum

Tarnewitzer Huk 18, 23946 Ostseebad Boltenhagen
Tel. / Fax: 038825 / 37 99 44
www.boltenhagenverlag.de, info@boltenhagenverlag.de
Satz: AEC Lessenthin, Lübeck
Titelgestaltung unter Verwendung eines Fotos aus dem Privatarchiv Jens:
Heinz Schäfer, Leiter des Optischen Labors, in Aktion

1. Auflage 2004
2., erweiterte und aktualisierte Auflage 2006
3., erweiterte und aktualisierte Auflage 2008
4., erweiterte und aktualisierte Auflage 2012
5., erweiterte und aktualisierte Auflage 2016
ISBN: 978-3-937723-24-2

INHALT

Vor der Verwandlung: die Halbinsel Tarnewitz in den 1990er Jahren

VORWORT ZUR 5. AUFLAGE

Jeder Ort hat sein Geheimnis. Manchmal ist es ein Haus. Oder ein Platz. Oder eine Insel. Stätten voller Geschichten. Auch das Ostseebad Boltenhagen hat so einen Ort. Es ist der alte Flugplatz auf der Halbinsel Tarnewitz. Ein künstlich angelegtes Eiland, das 1935 aus der Ostsee entstand. Neben Peenemünde, Rechlin und Travemünde wurde es eine geheime Erprobungsstelle für Flugzeugbordwaffen aller Art.

Tarnewitz – ein Ort technischer Höchstleistungen, aber auch ein Ort menschlicher Tragödien. Heute erinnert nichts mehr an den militärischen Flugplatz. Statt Schießhallen und Rollfeld prägen jetzt Hotels, Yacht- und Fischereihafen das Bild. Doch der Mythos Tarnewitz ist geblieben. Immer noch wird von vergrabenen Schätzen, versteckten Akten und geheimen Bunkern erzählt. Was ist dran an jenen Geschichten?

Antworten gibt dieses Buch, das nun schon in 5. Auflage erscheint. Es stützt sich im Wesentlichen auf wenig bekanntes, mitunter sogar bisher unveröffentlichtes Material. Dazu zählt in dieser aktualisierten Ausgabe zum Beispiel ein Interview mit dem 96-jährigen Wilhelm Baumann im Juli 2016, dem vermutlich letzten Überlebenden der E-Stelle. Er war dort als junger Mann als Luftwaffenangestellter tätig.

Auch der Aktenordner mit seltenen Dokumenten der Familie Göttsche, die Sohn Norwid im Nachlass seines Vaters fand und dem Boltenhagen Verlag zur Verfügung stellte, geben Auskunft über das Leben mit der E-Stelle. Hinzu kommen die akribischen Aufzeichnungen von Heinz Schäfer, damals Leiter des Optischen Labors.

Es gibt also wieder überraschende Dokumente, erstmals veröffentlichte Fotos und spannenden Lesestoff.

Angelika Rätzke, im September 2016

Haben die Geschichte überwuchert: Bäume und Sträucher auf der Halbinsel

Wer ahnt schon, dass da, wo Boltenhagen eigentlich zu Ende war, Geschichte beginnt: auf der Halbinsel Tarnewitz. Wo der Sanddorn am schönsten wuchert und die Brombeeren am dicksten sind, da, wo die Weiße Wiek heute zum Erholen einlädt, befand sich vor über 80 Jahren eine von Deutschlands geheimen Waffenschmieden – die E-Stelle Tarnewitz.

E-Stelle? Nur Insider wussten, was sich dahinter verbarg. Denn die E-Stellen, Abkürzung für Erprobungs-Stellen der deutschen Luftwaffe, waren streng geheim. Wer sich über ihre Aufgaben informieren will, kommt um einen kleinen technischen Exkurs nicht umhin. Der Luftfahrt-Experte Heinrich Beauvais (Jahrgang 1908), ab 1935 bei der Erprobungsstelle Rechlin tätig und dort u. a. für Flugmessung zuständig, beschreibt in der Buchreihe „Die deutsche Luftfahrt" (s. Quellenangaben im Anhang) die Aufgaben einer Erprobungsstelle: *„Die Erprobung muss ganz speziell die Gebrauchsfähigkeit eines bestimmen Flugzeugmusters, -systems oder -gerätes untersuchen – und zwar in möglichst kurzer Zeit als eine der Grundlagen für die entscheidenden Stellen."*

Die entscheidendste Stelle war das Reichsluftfahrt-Ministerium (RLM). Die E-Stellen, so Beauvais, hatten zwar im Entwicklungsablauf keine Entscheidungsbefugnis, waren jedoch eng mit der Entstehung jedes Gerätes verbunden. Grundlage der Erprobung waren die Erprobungsaufträge, die im Technischen Amt des Luftfahrtministeriums erteilt wurden. *„Im Kriege"*, erinnert sich Beauvais, *„waren es dann oft nur noch Fernschreiben, in denen Einzeluntersuchungen mit oft höchster Dringlichkeit gefordert wurden."* Als Vorstufe für den Bau von Versuchsmustern (VM) eines neuen Flugzeugtyps erstellte man in der Regel eine Attrappe. Die Attrappenbesichtigung, berichtet Beauvais, war der Beginn der eigentlichen E-Stellen-Arbeit an einem Flugzeugtyp. Dem folgte dann die „Fertigbesichtigung" des ersten fertigen Musterflugzeugs beim Hersteller. Die Erstflüge und das Einfliegen erledigten im Allgemeinen die

Flugzeugführer der Herstellerfirmen. Nach der Werkserprobung kamen die V-Muster dann zur E-Stelle. Während des Krieges wurden die V-Muster aber auch durch die Besatzungen der Erprobungsstellen oder der Erprobungskommandos abgeholt.

Eine der wichtigsten Aufgaben der E-Stellen war das Messen der Flugleistungen, also der Geschwindigkeit und der Steigleistungen. Die zweite wesentliche Aufgabe bestand im Messen und der Beurteilung der Flugeigenschaften (Wendigkeit, Kurvenleistungen, Brauchbarkeit als Waffenträger). Auch Dauererprobungen standen auf der Tagesordnung, z.B. 100-Stunden-Flugerprobungen von Motoren.

Eine Versuchsanordnung, wie sie in Tarnewitz täglich stattfand, um Bedienungselemente für Waffen und Zieleinrichtungen optimal zu positionieren

Es scherte im Übrigen niemanden, dass in Deutschland nach den Bedingungen des Versailler Vertrages offiziell keine Flugzeuge entwickelt werden durften. Mit der Einrichtung zivil getarnter Erprobungsstellen umging man frühzeitig dieses Verbot.

In Rechlin (der zentralen E-Stelle), Travemünde (hier testete man insbesondere Seeflugzeuge) und Peenemünde tüftelten Wissenschaftler, Konstrukteure, Mechaniker, Ingenieure und Piloten mit Hochdruck am Einbau und der Verbesserung der Waffensysteme für den kommenden Krieg.

Das schnelle Tempo in der Entwicklung des Flugzeugbaus (was sich in höheren Geschwindigkeiten und steigenden Flughöhen widerspiegelte) blieb schließlich nicht ohne Auswirkung auf die Bewaffnung dieser Maschinen. Völlig neue Waffen, größere Kaliber und steigende Kampfentfernungen wiederum setzten neue Maßstäbe an die Erprobungen. Attrappenbau und Versuchsanlagen, Stand- und Flugerprobungen, geeignete Mess- und Prüfanlagen und vor allem immer größere Sicherheitsgebiete waren, zusammenfassend gesagt, die Kernstücke der damaligen Erprobungsstellen.

EXPLOSIVE EXPERIMENTE

Meist waren die Experten ihrer Zeit weit voraus. Manchmal zu weit... So bastelten Wissenschaftler zum Beispiel in Peenemünde an Flüssigtreibstoff-Raketen und Raketenantrieben für Flugzeuge. Erste Flugversuche fanden ab Mitte 1937 auf einer Wiese bei Neuhardenberg statt. Das Prinzip: Flüssigsauerstoff und Äthylalkohol verbrennen bei einer Temperatur von 2200 Grad Celsius. Der so gewonnene gewaltige Schub sollte den Flieger in den Himmel befördern – und natürlich in der Luft halten... Aber die ersten Versuche am Boden gingen gründlich schief. Die Maschinen explodierten schon im Stand. Zu explosiv war das Gemisch, das die schweren Flieger nach oben bringen sollte. Test-Pilot Erich Warsitz gelang schließlich doch ein Kurz-Flug. Seine He 112 blieb mehrere Minuten in der Luft, dann fing das Raketentriebwerk Feuer. Warsitz rettete sich mit einer Bauchlandung. Sein Kollege Gerd Reins, ein Flugbaumeister, hatte weniger Glück. Er verunglückte am 18. Juni 1940 in Peenemünde-West tödlich. Bei seinem Versuchsflug brannte der Raketenofen plötzlich völlig durch. Der seitlich austretende, heiße Gasstrahl schmorte das Höhenruder der He 112 weg. Das Flugzeug stürzte steuerlos ab.

Versuche mit dem Raketenflugzeug von Ernst Heinkel „He 176“ begannen im Sommer 1938 in Peenemünde. Am 20. Juni 1939 startete dieses Raketenflugzeug mit Erich Warsitz zum ersten Mal erfolgreich. Mit Ausbruch des Krieges brach man die Weiterarbeit an diesem Flugzeug ab.

Dennoch wurde fieberhaft geforscht und erprobt, denn das Reichsluftfahrt-Ministerium wollte schnelle Erfolge sehen.

HITLERS EXTRA-BEFEHL

Gleichzeitig aber stieg die Angst vor Spionage. Die ersten Erfolge in den „E-Stellen“ sollten streng geheim bleiben. Hitler erließ einen Extra-Befehl: *„Keine Dienststelle und kein Offizier dürfen von einer geheim zu haltenden Sache mehr erfahren, als für die Durchführung ihrer Aufgaben unbedingt erforderlich ist. Das gedankenlose Weitergeben von Befehlen ist verboten!“*

Die Machthaber wurden nervös. Denn schließlich bastelten ihre Ingenieure nicht nur an neuen Düsenfliegern. In den Geheimlabors entstanden 1939 die ersten unbemannten Flugkörper – die Vorläufer der heutigen Kurz- und Langstreckenraketen. Die Tests erfolgten in den E-Stellen Rechlin und Peenemünde. Aber die Prototypen der neuen Super-Raketen schmierten ab. Kurvenflüge endeten auf Grund der hohen Fluggeschwindigkeiten in Spiral-Abstürzen. Der Grund waren kleinste Bauungenauigkeiten in Aerodynamik und Leitwerktechnik. Doch von diesen Niederlagen ließen sich die Waffen-Spezialisten nicht beeindrucken.

Parallel zu Raketenantrieben für Flugzeuge wurden von verschiedenen Firmen auch Luft-Boden- und Luft-Luft-Raketen als Flugzeugbewaffnung entwickelt. Unter der Bezeichnung RZ (Rauchzylinder) schuf man Raketengeschosse und Bordraketen unterschiedlicher Bauart mit Kalibern von 55 mm (R4/M) über 73 mm (RZ 65) bis hin zu 210 mm Werfergranate 21 (WfrGr. 21). Dafür brauchte man dringend geeignete Ab-

Unrühmliches Ende: Bruchlandung einer Focke-Wulf FW 56 „Stößer" GM + AQ

schusseinrichtungen und einen sicheren Ort, an dem die Vorrichtungen getestet werden konnten. Travemünde und Rechlin kamen dafür nicht in Betracht, denn ihre Schießgebiete waren für derartige Aufgaben viel zu klein. Ein neuer Standort wurde fieberhaft gesucht. Man fand ihn in Mecklenburg an der Ostsee. Vor allem aber sollte an diesem Standort die neue konventionelle Flugzeugbewaffnung erprobt werden. So rückte das bis dahin bedeutungslose Tarnewitz bei Boltenhagen ins Visier der Luftwaffe.

Hier wird deutlich, wie tief die Flugzeuge über dem Dorf Tarnewitz einschwebten, um auf der Halbinsel zu landen

Koloss: Maschinenkanone MK 103 an einer Fw 190 zur Erprobung in Tarnewitz

Unter der Bezeichnung „Schräge Musik“ wurden senkrecht eingebaute Waffensysteme erprobt, um der drohenden Bomberflut der Alliierten eine wirksame Waffe entgegensetzen zu können

Wurde plötzlich geheime Kommandosache: die Landzunge Tarnewitz

Tarnewitz, das weithin unbekannte kleine Fischerdorf an der Ostsee, plötzlich im Blickpunkt von Konstrukteuren, Piloten, Wehrmachtsgeneralen? Wer nach den Gründen fragt, stößt auf eine sagenumwobene Küsten-Geschichte – die Legende vom Untergang der Insel Lieps.

Die Insel Lieps – sie versank vor 300 Jahren bei einer Sturmflut mit Getöse in der Ostsee. Erstmals wurde sie 1266 erwähnt. Wohl wegen ihres Leuchtturms, der damals noch dort stand. Er war der dienstälteste unter den deutschen Leuchttürmen.

Vergangen, vergessen? Stimmt nicht. Gerade die Untiefe Lieps, die sich in nordöstlicher Richtung von der Tarnewitzer Huk (Landspitze) hinaus in die Ostsee zog, spielte in den dreißiger Jahren eine besondere Rolle. Denn hier, wie schon im vorherigen Kapitel erwähnt, entdeckte das Reichsluftfahrt-Ministerium den Bauplatz für ehrgeizige Höhenflüge. In einer Akte des Ministeriums vom 10. 7. 1933 ist unter der Überschrift „Bedingungen für einen Waffenerprobungsplatz" zu lesen:

> *„Als Ideallösung ist anzustreben, den Erprobungsplatz für Waffen und Bomben gemeinsam zu wählen, so dass Land- und Seebelange gleichmässig gewahrt werden. Die sich daraus ergebenden Vorteile sind in erster Linie Ersparnis von Personal und Arbeitszeit und die Möglichkeit, voll ausgerüstete Flugzeuge an einer Stelle gleichzeitig für beide Belange zu erproben."*

Wie sich zeigte, erfüllte Tarnewitz genau diese Bedingungen. Hier sollte fernab der Öffentlichkeit ein Flugplatz mit E-Stelle entstehen, um Deutschlands Kriegsmaschinerie voranzutreiben. Hier sollten neuartige Flugzeugbordwaffen auf Fertigungsreife sowohl allein als auch in einem im Flugzeug montierten Zustand bis ins Detail getestet werden. Alle erdenklichen Flug- und Einsatzvarianten wurden hier erprobt oder simuliert.

DIE UNTIEFE LIEPS

Der Auftrag „Kommandosache Tarnewitz“ ging an Bauleit-Ingenieure aus Travemünde. Schließlich hatten sie in ihrer E-Stelle, die schon seit 1928 existierte, Erfahrungen sammeln können. Klar war: Das neue Projekt sollte und musste die E-Stellen Travemünde und Rechlin waffentechnisch ergänzen.

Für dieses hoch geheime Vorhaben eignete sich das Gelände an der Nord-Westspitze der Wohlenberger Wiek bei Tarnewitz, etwa 20 km westlich von Wismar entfernt, bestens – eben wegen der Untiefe Lieps. Experten nutzten diesen natürlichen Umstand, um ein künstlich aufgeschüttetes Rollfeld ins Meer hinaus zu bauen.

Das hatte mehrere Vorteile. Man konnte zum Beispiel bei den Grundstücken sparen, da nur sehr wenig nutzbares Gelände gekauft werden musste. Fast das gesamte Rollfeld konnte aus der Ostsee durch das Aufspülen der Untiefe neu gewonnen werden.

Aus Vermessungsunterlagen vom Jahr 1935 geht klar hervor, dass das Reichsluftfahrt-Ministerium Grundstücksankäufe im Bereich Tarnewitz und Wohlenberg für militärische Zwecke plante.

ROLLBAHNEN STATT ACKERLAND

Bitter für einige Bauern der Huk, die ihr Land abgeben mussten. Ackerflächen von der Steilküste der Wohlenberger Wiek waren davon ebenso betroffen wie der gesamte Bereich der Huk und die Wiesen südlich der Boltenhagener Straße. Auch Teile des Forstes nördlich der Hauptstraße gehörten dazu. Flugzeughangars und Werkstätten, Büros und Rollbahnen solten im Huk-Bereich errichtet werden, Schießstände und Munitionsbunker im Steilküstenbereich, Kasernen und Kasino im Forstbereich.

Saftige Bauern-Wiesen wichen den Baracken für den Reichsarbeitsdienst; später wurden dort russische Kriegsgefangene untergebracht. Manche Bauern mussten so viel Land abgeben, dass ihre Höfe danach nicht mehr existieren konnten. Auch wenn ihnen Entschädigung angeboten wurde – für manchen war es der Anfang vom Ende.

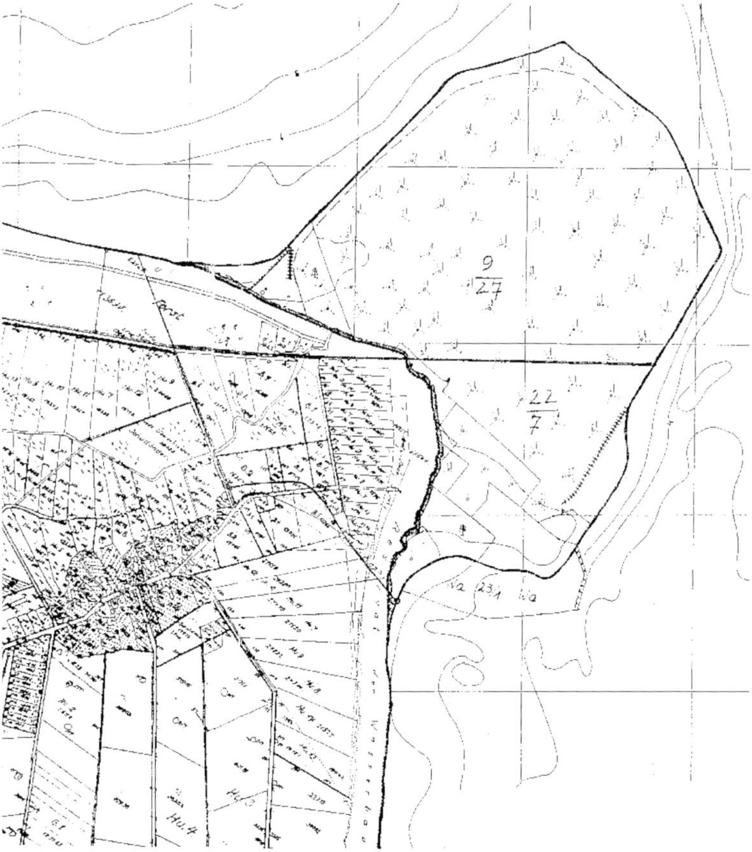

Die Flurkarte aus jener Zeit zeigt stark markiert die ursprüngliche Uferlinie

DAS KALKÜL DER NAZIGRÖSSEN

Nur aus der Sicht der neuen Bauherren war Tarnewitz ein Glücksfall. Man konnte sich kein besseres Bauland wünschen. Es ließ sich dort problemlos ein Land- und Seeflugplatz mit Schießbahnen und Sperrgebiet anlegen, ohne dass die Schifffahrt behindert wurde.

Außerdem lag das ausgesuchte Areal, obwohl küstennah, weit genug von den kleinen Ostsee-Dörfern Boltenhagen und Tarnewitz entfernt. Kein Mensch – so das Kalkül der Nazigrößen – würde mitbekommen, worum es auf dem Flugplatz wirklich ging.

Und noch ein Pluspunkt aus der Sicht der Militär-Strategen: Von Tarnewitz aus waren auch die anderen E-Stellen – Travemünde, Rechlin und Peenemünde – relativ schnell zu erreichen. Jetzt ging es nur noch darum, so bald wie möglich mit dem Bau zu beginnen...

Bauplatz Tarnewitz ca. 1939 – die E-Stelle im Überflug während der Bauarbeiten

E-Stelle – Eingangsbereich mit Wachgebäuden...

...und ersten Personalbaracken um 1937

Heute noch teilweise zu sehen: alte Rohre zur Entwässerung der Halbinsel

Die Idee, ein Rollfeld ins Meer zu setzen, nahm Gestalt an. Im Spätsommer 1935 begannen die ersten Arbeiten. Alles in allem wurden 5,5 Millionen Kubikmeter Ostseesand für den Tarnewitzer Flugplatz verbaut. Bagger-Rekord waren 37 500 Kubikmeter Sand an einem Tag!

September 1935. Urlauber genossen noch die letzten schönen Sommertage, als plötzlich schwere Baumaschinen die Idylle störten. Was war nun kaputt? Man tuschelte und munkelte, aber Konkretes wusste niemand – oder hielt sich mit seinen Vermutungen zurück. Nur so viel war klar: Die bulligen Laster fuhren im Auftrag des Reichsluftfahrt-Ministeriums. Auf allerhöchste Weisung begann zügig der Bau des geheimen Flugplatzes. Und in welchen Dimensionen! Eine eiserne Spundwand wurde gerammt und mit Steinen gestützt, um den aufgespülten Boden zu sichern und von der See zu trennen. Großbagger und Spüler, zum Teil aus dem Ausland geholt, bewegten 5,5 Mio. Kubikmeter Grundsand der Ostsee.

Im Eiltempo wuchs Sandschicht für Sandschicht das neue Rollfeld. Die Zeitschrift „Flughafen" schrieb im Rückblick 1939 in Heft 2: *„Zur Zeitersparnis wurde auch versucht, im Grundsaugerverfahren zu arbeiten. Leider fand man aber nur wenige Stellen, die für dieses Verfahren geeignet waren, so dass der Boden zum Aufspülen größtenteils im Schutenbetrieb* (offene Wasserfahrzeuge; die Autorin) *auf weiten Transportwegen herangeschafft werden musste."*

Nach neun Monaten war es endlich soweit: Das künstliche Eiland ragte aus der Ostsee. Der Platz hatte ungefähr die Form eines Fünfecks mit einem Durchmesser von 1000 Metern, eine damalige Standardgröße; er grenzte nur mit einem Fünftel des Umfangs an das Festland der Huk, ist also nicht vergleichbar mit heutigen Flugplätzen. Damals beschäftigte die Bauherren die Frage: Wie kann man dieses strategisch so wichtige Neuland dauerhaft gegen Sturmfluten schützen?

DIE BETONKAPPEN-LÖSUNG

Klar war: Die aufgespülte Sandschicht von durchschnittlich 2,5 Metern Dicke musste vor Sturm und der See gesichert werden. Aber das war noch nicht alles. Schließlich wollte man verhindern, dass sich die Ostsee zurückholte, was man ihr genommen hatte. Deshalb war der Bau eines Umringdeiches notwendig. Er sollte das Eiland vor dem Wasser und Sturm schützen.

Orkanartige Stürme und starker Eisgang zerstörten im Winter 1935/36 große Teile des Deiches. Man hatte einfach die Kraft und Macht des Wassers unterschätzt. Deshalb wurde der ursprüngliche Grasdeich von 3 Metern Höhe an den Böschungen mit Betonplatten belegt und mit einer Betonkappe versehen.

Das Problem des bei starkem Sturm übertretenden Meerwassers wurde elegant gelöst: Hinter dem Deich baute man dafür Auffangbecken. Sie nahmen auch das Regenwasser der großen Landefläche auf, das durch Entwässerungskanäle mit natürlichem Gefälle dorthin

Juni 1942: Uferbefestigung unter Verwendung von Buschwerk und Geröll

Der Bau des Flugplatzes aus Sicht des Künstlers John Dänicke. Die Zeichnung von 1936 (Ausschnitt) zeigt die Arbeit der traditionsreichen Wismarer Firma Dewenter bei der Ablaufbahn für Seeflugzeuge. Vorn die Slipanlage, im Hintergrund die Mole

abgeleitet wurde. Auf diese Weise bekam man die Landefläche nach Regengüssen sehr schnell trocken. Aus dem Becken wurde das Wasser durch große Rohre mit Rückschlagkappen (heute noch sichtbar!) in die Ostsee abgeleitet. Die Vermutung liegt nahe, dass diese Entwässerungsanlagen den Nährboden für die immer wieder auftauchende Legende der Flutbarkeit des Flugplatzes bildeten.

Nächster Störfaktor war der Tarnewitzer Bach. Er verlief mitten durchs Flugplatzgelände und musste verlegt werden, in Höhe der heutigen Strandklinik. Noch heute kann man Reste einer Brücke, die über die Ostseeallee führte, erkennen. 1949 wurde der Bach zum Schutz vor Versandung in die Wohlenberger Wiek verlegt. Aber der kleine Tarnewitzer Bach war das geringste Übel...

DAS BITUMEN-EXPERIMENT

Die nächste Aufgabe wartete bereits: Wie sollten Flugzeuge eigentlich auf einer Sandbank landen? Die Lösung war verblüffend: Eine neue Technologie, grandios und einmalig für die damalige Zeit, wurde angewendet – man überzog die gesamte aufgespülte Sandfläche mit einer bis zu 15 cm dicken Bitumenschicht.

Eine Heidenarbeit, für die man den Arbeitsdienst mit heranzog. Bemerkenswert ist in diesem Zusammenhang, dass offenbar nicht nur Deutsche am Flugplatz Tarnewitz mitarbeiteten, sondern auch ausländische Firmen, da das Projekt einen Großeinsatz von Menschen und Material erforderte. 1936 kam dann die Stunde der Wahrheit. Erste Probelandungen kleiner, leichter Flugzeuge sollten das bisher einmalige Experiment „Bitumen-Rollfeld" testen. Stolzes Ergebnis: Prüfung bestanden! Auch wenn später Maschinen durch weiche Bodenstellen bei ihren Landeversuchen verunglückten – der glorreichen Flugplatz-Legende tat das keinen Abbruch.

Landeunfälle, wie hier die Bruchlandung der Ju 88 P V1 mit BK 7,5 cm, waren keine Seltenheit auf dem Platz

HAFEN MIT ALLEM DRUM UND DRAN

Zunächst aber ging es darum, so schnell wie möglich einen Hafen für die Transport-Boote zu schaffen. Denn das Baumaterial kam meist per Schiff nach Tarnewitz. Deshalb wurde eilig an der Südost-Ecke der Anlage eine Anlegestelle mit Mole in die Wohlenberger Wiek hinaus gebaut – samt Eisenbahnanschluss, um die Bahnstrecke von Klütz nach Boltenhagen zu erweitern.

Gut gedacht. Aber auch damals mahlten die bürokratischen Mühlen langsam. Es ging um Kosten und die alles entscheidende Frage: Wer zahlt das Ganze?

Für die Deutsche Reichsbahngesellschaft war der Fall klar. Sie teilte der Reichsbahndirektion Schwerin am 25. September 1934 mit: *„Wie in unserer Verfügung vom 4. Juli 1928 -83 N Schwerin 2- bereits angegeben, kommt eine Weiterführung der Bahn Grevesmühlen-Klütz nach Boltenhagen nur in Betracht, wenn die beteiligten Kreise den für die neue Strecke erforderlichen Grund und Boden kosten- und lastenfrei der Reichsbahn zur Verfügung stellen."*

Gespräche und Korrespondenzen zogen sich noch über Jahre hin, bis es schließlich zu spät war: Der 2. Weltkrieg setzte einen Schlusspunkt unter das Verkehrs-Projekt, das leider nie verwirklicht wurde.

Abgesehen von dieser Luftblase wuchs in Rekordzeit ein Hafen für Schiffe, Boote und Seeflugzeuge.

HALLEN, BUNKER UND RAKETEN

Zeitgleich zu den Arbeiten am Rollfeld entstanden die ersten Flugzeughallen und Werkstätten. Den Anfang machte die zentral gelegene Halle I, die Ende 1937 in Betrieb genommen wurde. Sie bekam, wie später alle Hallen in Tarnewitz, noch umfangreiche Anbauten, so z. B. das für alle Erprobungen wichtige Optische Labor. Im Nebengebäude der Halle I befanden sich der Sitz der Flugleitung, die Wetterstelle und die Feuerwehr. So waren die Experten immer vor Ort.

Der Hafen nahm weiter Gestalt an. Bereits Ende 1937 konnte der Bau der Werfthalle (Halle II) im Südwesten des Areals abgeschlossen werden. Das Wichtigste: Sie hatte eine Ablaufbahn für Seeflugzeuge ins Wasser und eine breite Rollbahn zum Landflugplatz. Ringsum gruppierten sich (in entsprechendem Luftschutz-Abstand) Werkstatthallen, Büro- und Laborkomplexe. Ebenso entstand hinter Halle I ein modernes Fernheizwerk mit Kohlenstaubfeuerung nach damals neuestem Stand. Der Flugplatz bekam ein Gesicht. „Herzstück“ der Erprobungsstelle war

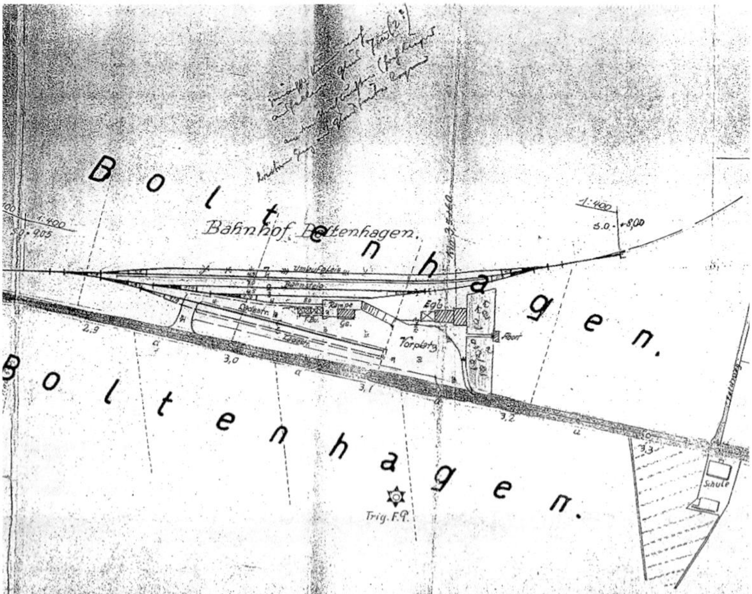

Nur auf dem Papier: der geplante Bahnhof von Boltenhagen

Großes Ereignis 1936 – Grundsteinlegung für Halle 1

Feierlicher Akt 1937 – Einweihung von Halle 1

der 1937 begonnene Waffen-Test-Komplex im Nordwesten der Halbinsel mit Schießständen, dem Schießturm und der Waffenwerkstatt. Von hier aus konnte man (westlich am Rollfeld vorbei) problemlos auf die See hinaus schießen. Südlich davon entstand bis Ende 1939 die zweite Flugzeughalle (Halle V) mit den erstaunlichen Maßen von 89 x 47 Metern (mit Anbauten). Die geplante Halle VI blieb ein Projekt.

Direkt am Hafen begann die Errichtung der Halle VII, der Schießhalle, das zweite Zentrum der E-Stelle. Aus ihr konnte man aus Flugzeugen mit laufenden Motoren auf zwei Scheibenbrücken (Pylone, heute noch sichtbar) in 500 und 800 Meter Entfernung auf See schießen.

Eine hochmoderne Kältekammer bis minus 60 Grad Celsius und eine Unterdruckkammer konnten für Testgeräte Höhenflüge bis 15 000 Meter simulieren. Im Jahre 1939 wurde die Halle übergeben. Ebenso wurde in dieser Zeit auch die schiffsähnliche Betonrampe nordöstlich der Halbin-

Versorgung: In der E-Stelle gab es zwei Kantinen, eine für Luftwaffenangehörige (Foto) und eine für ziviles Personal

Standardbau für damalige E-Stellen-Heizhäuser – fotografiert 1995 in Großenhain bei Dresden. So etwa sah es auch in Tarnewitz aus. Die Russen haben nach Kriegsende vergeblich versucht, das massive Heizhaus zu sprengen

sel als Bombenabwurfziel fertiggestellt. Ihre Reste sind heute noch vom Badestrand aus sichtbar. Mit besonderen Sicherheitsvorkehrungen wurde der Ausbau des südlichen Teils der neuen E-Stelle an der Steilküste (Richtung Wohlenberg) vorangetrieben. Der Grund: Hier sollten künftig Raketen und deren Abschussvorrichtungen erprobt werden.

Ende 1938 wurde dann das Labor mit dazugehörigem Prüfstand an die „Tester" übergeben. Der Bau-Abschluss des Flugplatzes war das aber noch lange nicht. Bis 1945 blieb Tarnewitz eine militärische Großbaustelle. Bestens geeignet, alle Expansions-Wünsche der Luftwaffe zu erfüllen. So heißt es im Jahresbericht der E-Stelle 1937/38: *„Die Lage des Platzes ist vom fliegerischen Standpunkt aus als ideal zu bezeichnen. Für die Flugzeugführer bedeutet es eine große Beruhigung bei den häufigen*

Schießflügen mit Landmaschinen über See, einen Flugplatz in unmittelbarer Nähe des Schießgebietes zu haben. In der Umgebung des Platzes befinden sich keine Hindernisse, die Start oder Landung irgendwie beeinflussen könnten…"

Aber nicht alle sahen das so euphorisch. Der ehemalige Leiter der Segelfluggruppe, Heinz Schäfer, wusste, dass Piloten den Tarnewitzer Flugplatz nicht sehr liebten: *„Das Einlanden aller Flugzeugtypen war schwierig. Piloten, die das erste Mal nach Tarnewitz kamen, ließen sich durch das umgebende Wasser irritieren; auch wirkte der Platz aus der Luft durch die monotone Eintönigkeit kleiner. In all den Jahren gab es Bruchlandungen."*

Der 32-jährige Paul Riecker 1943 in einer He 111 in Tarnewitz

Schießhalle VII - von hier aus wurde aus Flugzeugen in Flugstellung auch mit laufenden Motoren auf zwei Seescheiben gefeuert. Diese He 177, GI + BL war mit einer MK 101 im Bugstand ausgerüstet

Diese Abschusskonstruktion für RZ 100-Raketen sollte die Wirkung des Gasschlags auf den Rumpfbug einer Me 210-Zelle zeigen. Im Hintergrund Halle VII mit ihrem seeseitigen Kontrollturm

Ziemlich knifflige Angelegenheit: Hier wird der Ausblick eines Rückblickfernrohres für eine Bedienungsanleitung fotografiert

Zum Ende des Jahres 1937 begannen die ersten Erprobungsversuche in Tarnewitz – auch die ersten Raketen-Tests. Das größte Problem: Es fehlte an Spezialisten. Denn das kleine Fischerdorf Tarnewitz war nicht gerade der Ort, wo man Karriere machen konnte. In dieses Nest fuhr ja nicht mal ein Zug... Und da sollten Flugzeuge starten und landen?

Der Flugplatz stand – so weit, so gut. Schon kam das nächste Problem: Woher geeignetes Personal nehmen? Fachleute waren rar, die Luftwaffe gerade im Eiltempo aufgebaut. Man „lieh" sich zunächst Spezialisten von anderen, erfahrenen Erprobungsstellen der Luftwaffe aus. Travemünde, wo schon seit zehn Jahren gearbeitet wurde, war als Geburtshelfer willkommen.

Die „Sondergruppe Tarnewitz" (unter Leitung von Oberst-Ingenieur German Cornelius) sollte auf der Halbinsel Starthilfe leisten. Aber die hoch qualifizierte Crew allein brachte die neue E-Stelle noch nicht in Schwung. Es fehlte weiter an Fachleuten. Von einem Mekka für Spezialisten konnte vorerst nicht die Rede sein.

Und wenn dann endlich Fachleute für Tarnewitz gewonnen werden konnten, waren sie enttäuscht – von den Bedingungen vor Ort. Das ging schon mit den schlechten Verkehrsanbindungen los. Bis Klütz kam man noch mit der Bahn, aber dann war Schluss. Auch von freien Wohnungen konnte man damals nur träumen. Zudem zögerten bürokratische Hürden die Neubauten immer wieder hinaus.

Die Folge: Viele E-Stellen-Mitarbeiter mussten erst mal mit Privatquartieren und Pensionen vorlieb nehmen. Das hob die Stimmung nicht besonders.

Es musste schnell etwas geschehen, wenn Tarnewitz auch Karriere-Standort sein sollte. Wer hierher kam, wollte gut verdienen und vernünftig wohnen.

HÜHNER, ZIEGEN, PLUMPSKLO

Das mit dem vernünftigen Wohnen war so eine Sache. Auch wenn Anfang 1938 die ersten von der E-Stelle dringend benötigten Wohnungen bezogen werden konnten, sie reichten nicht aus. Es wurde weitaus mehr Wohnraum gebraucht. Eine schwierige Aufgabe, die auf die Gemeinde Boltenhagen zukam. Denn alles, was die Erprobungsstelle betraf, ging nun auch den Ort an. So hatte Bürgermeister Heesch dafür zu sorgen, dass das Wohnungsproblem möglichst schnell gelöst wurde. Aber das kostete Geld, viel Geld. Mehr als das Gemeindebudget hergab.

Man stellte also einen *„Antrag auf Gewährung einer Finanzhilfe des Reiches"* für Geländeerschließungsarbeiten in Höhe von 188 330 Reichsmark. Geplant waren 50 Arbeiter-, 22 Unteroffiziers- und 16 Offizierswohnungen, mit unterschiedlichem Komfort. Die Arbeiter-Wohnungen hatten in der Regel keine Spültoiletten und Bäder. Dafür waren Waschküche (8 Quadratmeter), Wohnküche (14 Quadratmeter) und Trockenklo (1 Quadratmeter) gängiger Standard. Wobei es auch hier noch Unterschiede gab. Manche Reihen- oder Doppelhäuser besaßen noch Stallungen für Hühner, Schweine und Ziegen. Und natürlich durfte der Geräte- und Bastelschuppen nicht fehlen. Für Wohnungen in solchen Häusern plante man 28,30 Reichsmark Monatsmiete. Die Unteroffiziers-Wohnungen, mit Bad und Spültoilette, sollten 37,30 RM kosten, und die Offiziers-Quartiere, geplant mit Garagen und Grünflächen, wurden mit einer Miete von 79,30 RM veranschlagt.

Da unvorhergesehene Schwierigkeiten (ungünstiger Baugrund, komplizierte Materialbeschaffung) das ganze Vorhaben noch teurer machten, sah sich die Gemeinde in finanzieller Bedrängnis. Hinzu kam der Straßen-Ausbau für die geplanten Wohnungen, der insgesamt 58 130 Reichsmark kosten sollte. Kurz: Die Gemeinde steckte in Zahlungsschwierigkeiten. So hatte sie sich das zunächst verlockende Zusammenleben mit dem Fliegerhorst nicht vorgestellt. Mal war sich die

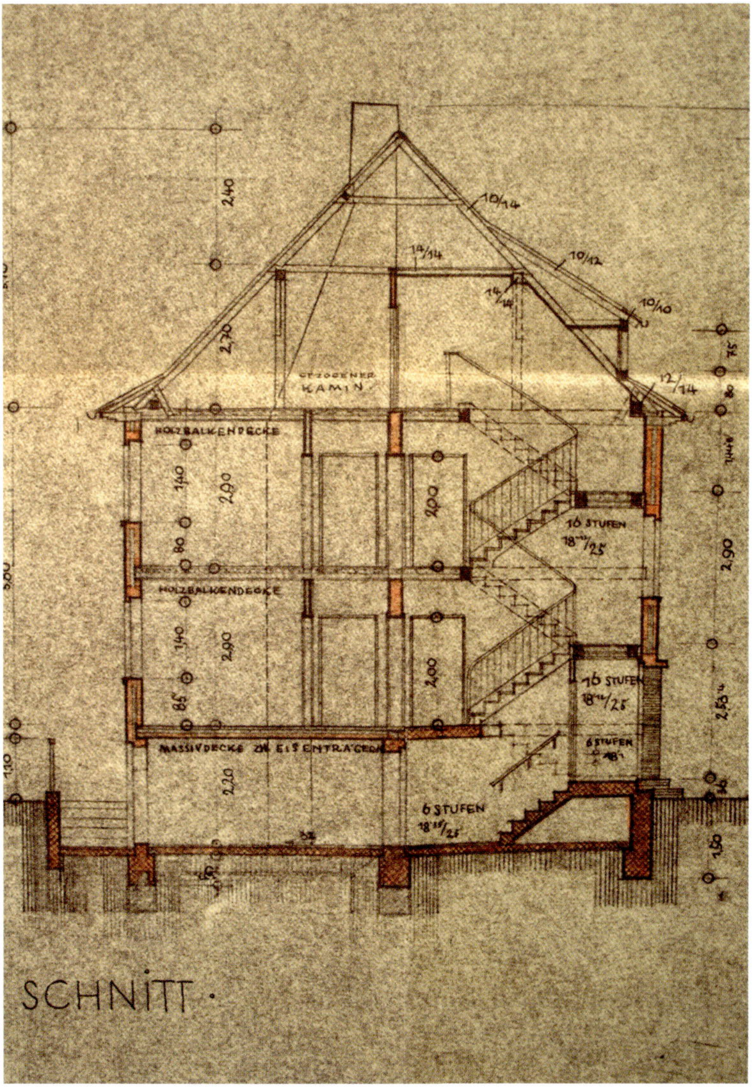

Schnitt durch ein E-Stellen-Wohnhaus, 1938. Architekt: Hans Kamper, Berlin

Luftwaffe über die endgültige Anzahl der Wohnungen nicht einig, mal gab's bei der Straßenführung Unstimmigkeiten. Zeitweise wurde sogar ein Baustopp verhängt. Baustelle Boltenhagen: Mit der ländlichen Idylle war es vorbei. Die Nerven lagen blank.

Endlich bescheinigte das Reichsarbeitsministerium dem Wohnungsbau der Luftwaffe Dringlichkeit: *„Dieses Bauvorhaben ist voraussichtlich als vordringlich im Rahmen der Wehraufrüstung anzusehen. Eine Entscheidung hierüber will das RLM (*Reichluftfahrt-Ministerium, d. A.*) sofort herbeiführen."* Aber auch das dauerte. Denn für den Wohnungsbau in Boltenhagen wurden kriegswichtige Rohstoffe wie Eisen und Zement benötigt – und dafür brauchte man Extra-Genehmigungen. Akten mit unendlichem Schriftverkehr stapelten sich im Gemeindebüro. Architekten-Entwürfe, Ablehnungen, neue Entwürfe. Zwischendurch Krieg der Partei-Hierarchien. An Boltenhagens Nazi-Wohnungsbauplänen schieden sich die Geister. Das belegt zumindest der umfangreiche Schriftverkehr, den Bürgermeister Heesch mit Ingenieuren, Architekten, Staatsministern, Gauleitern, Sparkassendirektoren und Oberbauräten führte. Am Ende jedes Briefes hieß es immer: „Ich sehe Ihren weiteren Nachrichten gerne entgegen!" Und man empfahl sich mit „Heil Hitler!"

Am Ende hat Heesch die ersehnte Finanzspritze für die Luftwaffen-Wohnungen erhalten. Dankbar schrieb er an Oberregierungsrat Nicolaus im Reichsarbeitsministerium: *„...wenn man nach einer vierjährigen mühevollen Arbeit, die fast schon ergebnislos schien, nunmehr endlich eine verständige Dienststelle gefunden hat, von der man die erforderliche Unterstützung auch erhofft, dann ist das eine besonders große Freude und neuer Antrieb für das Schaffen zum allgemeinen Wohl."*

So kam Boltenhagen zu neuen Wohnungen, auch wenn die Einheimischen vorerst nichts davon hatten. Denn Mieter der begehrten Neubauten waren E-Stellenmitarbeiter, die manchmal schon Jahre auf dieses Glück gewartet hatten.

NOCH 1944 UMZUG INS NEUE HEIM

Eine neue Wohnung! 1944, in den letzten Kriegsmonaten, war das ein Traum. In Boltenhagen gingen solche Träume sogar noch in Erfüllung, für Hermann Göttsche zum Beispiel. Der Luftwaffenangestellte der E-Stelle hatte Glück. Nachdem er sechs Jahre mit seiner Familie in einer kleinen Darlehenswohnung für monatlich 37 Reichsmark gelebt hatte, stand nun der Umzug in einen Neubau bevor.
Sohn Norwid (1938 in Boltenhagen geboren) erinnert sich:

„Aus heutiger Sicht erscheint es unverständlich, dass wir noch 1944, als die Welt in Schutt und Asche lag, eine moderne Neubauwohnung in der E-Straße 2 (heute Friedrich-Engels-Straße) beziehen konnten. Vielleicht waren es die einzigen Häuser, die einen richtigen Luftschutzkeller besaßen. Ich erinnere, dass wir auch einige Nächte darin verbracht haben. Das war aber vorsorglich, weil unsere Mutter uns nicht bei dem zu erwartenden Fliegeralarm wecken wollte. An der Wand war ein Regal mit Eingemachtem als Notvorrat. Als Schulanfänger denkt man ja nicht darüber nach, warum ein lettischer Lastwagen unseren Umzug machte und russische Kriegsgefangene unseren Garten anlegten. Für uns Kinder war in Boltenhagen noch die heile Welt. Der Krieg war weit weg. Wir buddelten zwar mit, als die Väter in die Böschung an der Chaussee nach Klütz mit Hilfe von Arbeitsdienst-Männern einen Bunker bauten und wussten, welche Tasche mitzunehmen war, wenn es Fliegeralarm gab. Es fielen aber niemals Bomben. Die Flieger flogen in großer Höhe vorüber. Auch der eilig aus halbrunden Betonteilen hinter dem Schulgebäude erstellte Behelfsbunker wurde niemals benötigt. Nur einmal mussten wir Kinder einen Probealarm darin verbringen. Das war vergnüglich, und es wurden Lieder gesungen. Die Sirene befand sich auf dem Dach des ersten Hauses der U-Straße. Für die Bedienung war ein Ehepaar, ich meine, namens Busse, zuständig…Irgendwo in der Nähe des Fritz-Reuter-Platzes wurde ein

Boltenhagen 1942: Norwid Göttsche und Geschwister im Hof der U-Straße Nr. 4

Metallstück mit einem Klöppel aufgehängt. Damit sollte gegebenenfalls Gasalarm gegeben werden, weil für die Sirene dafür kein Signal vorgesehen war. Gasmasken gab es zu Hause für jedes Familienmitglied.

Sowohl in der U-Straße Nr. 4 als auch in der E-Straße Nr. 2 lebten wir immer in der Nähe der Chaussee nach Klütz, die die Verbindung zur großen weiten Welt bedeutete. Dort fuhr der graue Militärbus, der zwischen Tarnewitz und Klütz verkehrte und auf dessen vorderen Kotflügeln ein Horchposten saß, um den Fahrer vor Fliegerangriffen zu warnen. Aber auch ein Pferdegespann diente dem öffentlichen Nahverkehr. Wir kannten die wenigen Autos, vor allem den Opel P 4 der Hebamme, die viel zu beschicken hatte; denn wir wurden ja alle wirklich in Boltenhagen geboren. Auf der Straße kam ein Flüchtlingstreck von mit Pferden bespannten Planwagen ins Stocken, oder es stand dort ein Konvoi aus lettischen Lastwagen. Noch im Februar 1945 kam von der Chaussee ein Lastwagen voller Flüchtlinge, die auf alle Wohnungen in der Straße verteilt wurden. Es

Ende der 1930er Jahre: E-Stellen-Mitarbeiter und Einheimische marschieren

kamen aber auch die Amerikaner aus Richtung Klütz. Die Zentralheizung im Keller musste schwer arbeiten. Unsere Mutter verbrannte alles, worauf ein Hakenkreuz zu sehen war oder was sonst irgendwie verdächtig sein konnte. Nur das Parteibuch unseres Vaters und zu meinem Unverständnis ein Revolver wurden vor der Stufe des Hintereingangs vergraben.

Als unsere Mutter von Nachbarn bedrängt wurde, auf einem Schiff nach Eckernförde mitzukommen, verstanden wir natürlich nicht die Not, die dahinter steckte. Der Einmarsch der Amerikaner und deren Begrüßung mit weißen Betttüchern war für uns Kinder ein spannendes Geschehen. Auch die Durchsuchung der Wohnung durch Soldaten, vor denen wir unsere Schultaschen öffnen mussten. Die Amis ließen sich in den noch nicht bezugsfertigen Neubauten in der E-Stelle nieder. Zu uns Kindern waren sie sehr freundlich und ließen uns an ihrer Essenausgabe teilnehmen. Wir spielten weiterhin Soldaten, es mussten ja keine deutschen mehr sein. Erst als die Amerikaner abzogen, auch als die Engländer nach kurzem Aufenthalt wieder verschwanden und der Einmarsch der Russen bevorstand, flüchtete unsere Mutter mit uns vier Kindern zu Fuß nach Travemünde. Erst hier beginnen in meiner Erinnerung Not und Entbehrung."

Beliebte Anlaufstation für Kinder, 1943: der Wagen, der Brennholz aus dem Wald für die Familien holte

Sucht man heute im Ostseebad nach E-Stellen-Wohnungen, wird man durchaus noch fündig. Zum Beispiel am Robert-Blum-Platz, dem ehemaligen Zeising-Platz, den man auch Offiziersplatz nannte. Oder in der Rudolf-Breitscheid-Straße, einst Unteroffiziersstraße, auch als U-Straße bekannt. In der Friedrich-Engels-Straße (A-Straße) wurden Wohnungen für Arbeiter gebaut. Und in der jetzigen August-Bebel-Straße zogen seinerzeit E-Stellen-Mitarbeiter (E-Straße) ein. Auch in der Albin-Köbis-Siedlung kann man noch die Häuser im typischen 30er-Jahre-Stil sehen. Top renoviert, sind sie nach wie vor begehrte Domizile.

Häuser aus der E-Stellen-Zeit: am Robert-Blum-Platz (früher Zeising-Platz)...

...oder in der heutigen Albin-Köbis-Siedlung

NACH DEM MUSTER VON RECHLIN

Boltenhagen und Tarnewitz, zwei kleine, unauffällige Ostsee-Orte – sie standen plötzlich im Spektrum des Militärs. Da wurde höherenorts so manches möglich. So verschwanden beispielsweise halsbrecherische Schlaglöcher auf der Straße nach Eulenkrug. Und wo man schon beim Ausbessern und Verändern war, wurde auch ein Wasserwerk gebaut und eine Wasserleitung vom Wasserschutzreservat Eulenkrug nach Tarnewitz verlegt.

Die Versorgung wurde immer besser. Jetzt ging es um die strukturelle Organisation der E-Stelle. Vorbilder waren Rechlin und Travemünde. Nach diesem Muster sollte auch das Tarnewitzer Objekt organisiert werden. Ein Fliegerhorst der Luftwaffe (mit entsprechenden Einrichtungen) war der Standort für den militärischen Flugbetrieb. Die Fliegerhorst-Kommandantur übernahm die örtliche Repräsentanz und war für alle Fragen der Sicherheit und Verwaltung zuständig.

Was die Wenigsten wussten: Auf dem Areal des Horstes befand sich das Herzstück – die eigentliche Erprobungsstelle, anfangs noch ein ziviles Forschungsinstitut. Chef war der Erprobungsleiter. Er wiederum

ORGANISATION FLIEGERHORST-KOMMANDANTUR TARNEWITZ

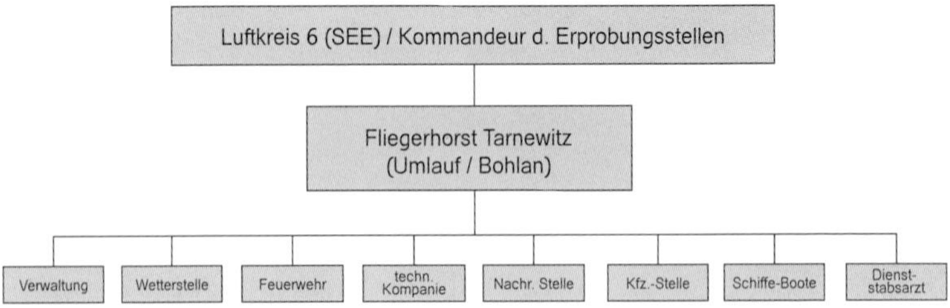

Abb. oben und rechts: Die E-Stelle war straff organisiert. Die schematischen Darstellungen zeigen die personelle Besetzung aus der Zeit um 1938/39

GRUNDORGANISATION E-STELLE TARNEWITZ

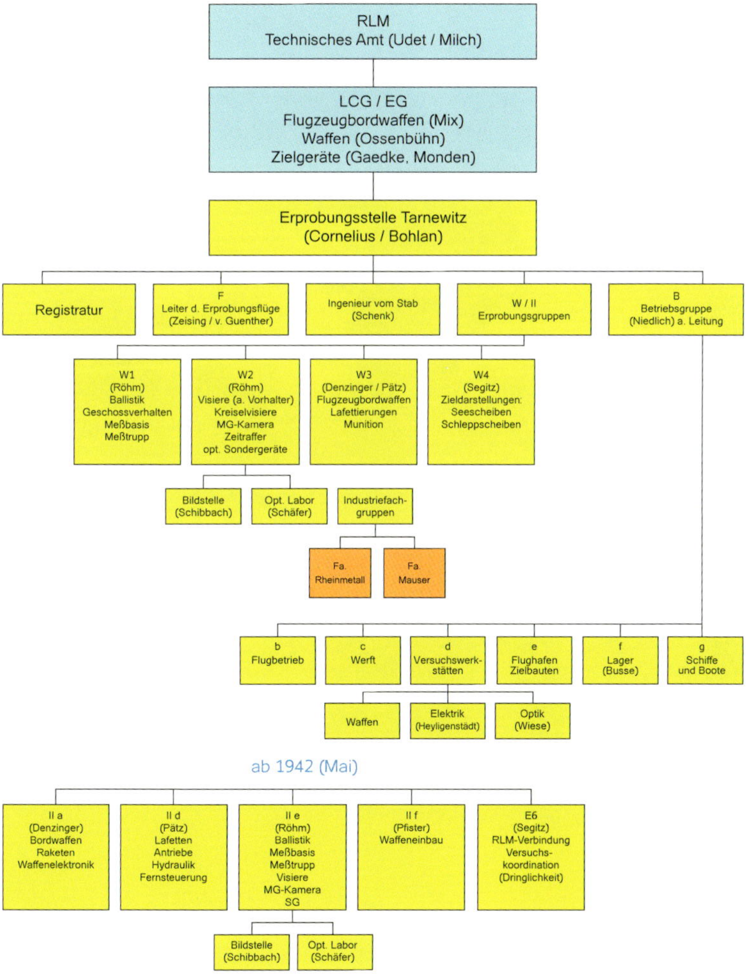

Besonders in den Jahren der Bauarbeiten wurde der personelle Aufbau der E-Stelle mit qualifiziertem Personal vorangetrieben. Das Foto zeigt etwa die Hälfte der zivilen Travemünder Belegschaft, die 1936 nach Tarnewitz kam

unterstand dem Technischen Amt im Reichsluftfahrt-Ministerium. Ansonsten war die E-Stelle, wie auch in Rechlin und Travemünde, in verschiedene Erprobungsgruppen unterteilt – jede hatte spezielle Aufgaben (siehe Grafiken S. 42-43).
In diesem Anfangsstadium der Erprobung von Bordschusswaffen war German Cornelius Erprobungsleiter, ab 1939 dann Maximilian Bohlan. Die Leitung und Organisation des Erprobungsflugbetriebes übernahm zunächst H. R. Zeising, später dann Ekkehard von Günther.

Die Flugbetriebsgruppe führte von Anfang an Hans Niedlich, ein erfahrener Pilot und ehemaliger Rennfahrer, befreundet mit dem legendären Manfred von Brauchitsch.

GÖRING IN TARNEWITZ

Eine vorrangige Rolle spielte in der Tarnewitzer E-Stelle die Waffenindustrie mit ihren Erprobungen. Von Anfang an existierten hier zwei Spezialisten-Gruppen der Firmen Rheinmetall-Borsig und Mauser, um ungehindert ihre neuesten Entwicklungen erproben zu können. Sie hatten eigene Geräte und eigenes Personal. So konnten sie ihre Erprobungen ohne fremde Hilfe durchführen. Seit Oktober 1937 war die Waffenfirma Rheinmetall-Borsig meist mit zwei bis drei Erprobungsflugzeugen anwesend. Erprobt wurden u. a. das neue MG 13 und die schwere 30 mm Maschinenkanone (MK 101), speziell zur Bekämpfung von Panzern und U-Booten entwickelt, sowie das MG 151.
Der normale E-Stellen-Alltag lief präzise organisiert und streng kontrolliert ab. Man wusste: Die geringste Fehlplanung in der Kombination von Flug- und Schießtests konnte tödlich sein. Gesprengt wurde die „Normalität" des Alltags, wenn hoher Besuch kam. Das war häufig der Fall. Am 23. März 1938 weilten auf der Halbinsel so hochrangige Militärs wie Hermann Göring, seit März 1935 Oberbefehlshaber der Luft-

Hitler und Göring (Bild Mitte) bei einer Inspektion – hier in Rechlin

Hohes Militär bei der RZ-65-Erprobung in Tarnewitz: Amtschef LC Ernst Udet und Major Umlauff, erster Kommandant der E-Stelle (rechts)

Im
Namen des Führers
ernenne ich
unter Berufung in das Beamtenverhältnis
auf Lebenszeit

den technischen Angestellten

Albert L e h m a n n

zum Flieger-Hauptingenieur.

Ich vollziehe diese Urkunde in der Erwartung, daß der Ernannte getreu seinem Diensteide seine Amtspflichten gewissenhaft erfüllt und das Vertrauen rechtfertigt, das ihm durch diese Ernennung bewiesen wird. Zugleich darf er des besonderen Schutzes des Führers sicher sein.

Berlin, den 10.Januar 1941

Der Reichsminister der Luftfahrt
und Oberbefehlshaber der Luftwaffe

In Vertretung

Karriere in Kriegszeiten: vom technischen Angestellten zum Flieger-Hauptingenieur waffe, zugleich Luftfahrtminister (und überdies zuständig für die wirtschaftliche Seite der Aufrüstung), der Generalinspekteur Erhard Milch, der Amtschef LC Ernst Udet sowie weitere Vertreter des Generalstabs. Wie überliefert ist, zeigten sie sich von den Waffenvorführungen beeindruckt. Alle bereits fertiggestellten Schießanlagen wurden benutzt, Stand- und Luftschießen mit insgesamt sieben Flugzeugen stand auf dem Programm. Aus Sicht der Nazi-Größen gleichsam der Ritterschlag für die E-Stelle Tarnewitz.

Die militärische Hierarchie war überall zu spüren – auch wenn in vielen Bereichen Zivilangestellte arbeiteten. Selbst Forschungsingenieure bekamen später (ab 1944) einen militärischen Rang. Der erste Erprobungs-Leiter, German Cornelius, hatte zum Beispiel den Rang eines Oberstingenieurs. Zeitzeuge **Horst Jens** (Jahrgang 1926) aus Marl erinnert sich:

„Ich kam 1941 als Elektromechaniker-Lehrling für Flugzeugbau in die E-Stelle. Es war die erste Lehrwerkstatt mit sieben Lehrlingen, nur drei haben den Krieg überlebt. Unser Lehrer war Stabsingenieur Swoboda, das entsprach wohl dem Rang eines Majors. Es gab damals auf der E-Stelle kaum jemanden, der Ahnung von Elektrotechnik hatte. Soldaten bekamen im Schnellverfahren einige Kurse und wurden danach als Bordmechaniker eingesetzt. Wir erfuhren für unsere Arbeit nur so viel wie nötig war. Ich wurde voll als Facharbeiter eingesetzt und unterstand dem Geräteprüfer. In der Prüfstelle selbst waren Flugwerkprüfer tätig. Die Prüfgruppe bestand bis 1945. Mein Vater war stellvertretender Prüfleiter."

Die E-Stelle lebte von vielen zivilen Berufen, darunter Diplom-Ingenieure (zum Teil mit Flugbaumeister-Ausbildung), Fachschul-Ingenieure, Techniker, Obermeister, Meister, Optiker, Fotografen und Mechaniker verschiedenster Fachrichtungen. Stück für Stück war Tarnewitz zum „Spezialisten-Pool" avanciert.

Tarnewitz 1940: Generalluftzeugmeister Udet (Mitte) und Oberstingenieur Bohlan bei der Vorführung einer Flugzeugwaffe in der Schießhalle VII

Nur ein kleiner, handverlesener Kreis wusste, was auf der Halbinsel Tarnewitz wirklich passierte. Was sich zum Beispiel in der Kältekammer der E-Stelle abspielte, woran man im Optischen Labor forschte, welche Raketen-Versuche gestartet wurden. Nichts, aber auch gar nichts drang an die Öffentlichkeit. Auch beim „Tag der offenen Tür" im Frühjahr 1940 ließ man sich nicht in die Karten gucken.

Die Insider waren Prüfleiter, E-Stellen-Ingenieure, Fach-Spezialisten. Tatsache ist, dass in Tarnewitz Waffen und Flugzeuge in Grenzsituationen getestet wurden (auch Beutemaschinen nahm man genau unter die Lupe).

Die Tests liefen in zwei Stufen ab. In der ersten Stufe ging es vor allem darum, die Eigenschaften der neuen Waffen zu ermitteln. Die Ergebnisse wurden dann mit dem Hersteller ausgewertet. Stufe zwei betraf den Waffeneinbau ins Flugzeug. Danach wurde alles im Stand und dann in der Luft getestet. Mit modernsten Geräten und Ausrüstungen konnten extreme Kampfbedingungen simuliert werden. Neue Munitionsarten, neue Zielgeräte sowie MG-Kameras wurden mit mehr oder weniger Erfolg erprobt und deren Ergebnisse an die Hersteller weitergeleitet. Man wollte zum Beispiel herausfinden, bis zu welcher Geschwindigkeit noch zielgenau geschossen werden kann. Oder wie sich Geschossbahnen bei großer Höhe und extremer Geschwindigkeit verzerren. Wie gut sich Waffen, die im Heck oder in den Flächen eingebaut sind, fernsteuern lassen. Welche Wirkung Störkörper (z. B. kleine Sprengkörper an Fallschirmen) auf angreifende Jäger haben. Oder wie Waffen bei minus 60 Grad reagieren. Dafür gab es auf dem Gelände ein Kältekammer-Labor (Fundamentreste waren noch nach 2000 deutlich zu erkennen). Versuche in diesen „Eis-Truhen"waren nicht ungefährlich. Dass es dabei auch zu Unglücken kam, verschwieg man natürlich. Ein Ingenieur kam zum Beispiel bei einem der Kälte-Tests um.

RAKETEN-ABSCHUSSGERÄTE IM TEST

Strengster Geheimhaltung unterlagen die Versuche mit Raketen. Schon 1937 begann man in Tarnewitz damit. Es ging zunächst um Tests der RZ (Rauchzylinder)-Raketen, entwickelt von der Firma Rheinmetall-Borsig. 1943 rüstete man Jagdflugzeuge mit solchen Geschossen aus und führte Abschussversuche durch. Versuche mit Werfergranaten bis hin zu Wgr 21 (Kaliber 21 cm), und der Entwicklung geeigneter Abschussgeräte für eine Vielzahl verschiedener Flugzeugmuster dauerten bis 1945 an. Parallel dazu bezog man die neuen R4M-Raketen (Kaliber 55 mm) in die Ausrüstungsversuche mit ein. Alle Tarnewitzer Raketentests waren ausnahmslos Versuche zur Erprobung von Abschussgeräten. Gefundene Wabengestelle passten im Kaliber genau zu den R4M-Raketen. Die

Überreste eines Abschuss-Wabengestells (Bildmitte) für R4M-Raketen

Raketen selbst wurden in anderen Firmen entwickelt. In einem geheimen Aktenvermerk der Firma Heber in Osterode im Harz heißt es u. a zum Projekt „Natter“:

> *„Im Anschluss an den Versuch mit der Bugatrappe wird die Fertigung von 20 Stück Beschussgeräten für Projekt Natter in Angriff genommen, und zwar nach folgenden Gesichtspunkten: 5 Geräten für die Durchführung der Beschußversuche an den verschiedensten Stellen, z. B. E-Stelle Tarnewitz und E-Stelle Rechlin als Schiessgestell. 15 sollen so ausgeführt sein, dass sie für den Einbau in die Natter verwendet werden können. Über die Ausführung dieses Bugs muss Firma Heber mit Firma Bachem engste Verbindung aufnehmen.“* (siehe Anhang)

GENIALE TÜFTLER: ERICH BACHEM & ERWIN HYMER

Die Spur führt von Tarnewitz nach Bad Waldsee in Süddeutschland. Hier tüftelte Ingenieur Erich Bachem an dem ersten bemannten Raketenflugzeug der Welt. In einem Tarnewitzer Geheim-Bericht ist von der Ba 349 „Natter“ die Rede. Aber die „Natter“ hatte nicht den gewünschten Erfolg, denn der erste bemannte Flug 1945 endete mit dem Tod des Piloten Lothar Siebert. Danach wurde die „Natter“ aus dem Erprobungsprogramm genommen.

Das Aus für den genialen Entwickler und Konstrukteur Bachem? Auch wenn das Raketen-Kapitel geschlossen wurde, er hatte noch andere Eisen im Feuer. Bereits 1938 konstruierte Erich Bachem den ersten Wohnwagen „Aero Sport“ für den Segelflieger Wolf Hirth. Nach dem Krieg kam Bachem darauf zurück. Gemeinsam mit dem Dornier-Ingenieur Erwin Hymer konstruierte und entwickelte er den Leichtbau-Caravan „Troll“ und gab diesen 1956 bei Hymer in Auftrag. Bachems Kürzel „ERIBA“ (Erich Bachem) steht noch heute auf vielen Caravans.

DER „SPEICHER" VON TARNEWITZ

Alle Testversuche wurden genauestens in der bestens ausgerüsteten Bildstelle dokumentiert und ausgewertet. Sie war der „Speicher" von Tarnewitz und machte deutlich, dass nicht alles, was mit großem Aufwand erprobt wurde, auch zum Einsatz kam.

Das Optische Labor im Anbau der Halle I spielte in der E-Stelle eine zentrale Rolle. In ihm wurden alle Geschossbahnvermessungen ausgewertet, Lehrfilme gedreht, Bedienungsanleitungen für Waffen und Geräte ausgearbeitet. Dieses Labor war eine der modernsten Anlagen jener Zeit.

Das Optische Labor, hier im Mai 1940, war damals nach modernsten Gesichtspunkten ausgerüstet. An der Wand eine aufgemalte Prüftafel, davor zwei optische Bänke der Firma Zeiss. Auf dem Holzgestell ein optisches Flugzeug-Periskop

In seinem Dienstzimmer: Heinz Schäfer, Leiter des Optischen Labors

EIN HALLENSER IN TARNEWITZ

Man hätte ihn sicherlich an seinem Dialekt sofort erkannt: den aus Halle stammenden Heinz Schäfer. Ab Juni 1940 wurde er Leiter des Optischen Labors. Er kam von der Westfront und war gewiss heilfroh, wieder in seinem eigentlichen Beruf zu arbeiten. Denn als Optik-Ingenieur brachte er für das Optische Labor beste Voraussetzungen mit. Heinz Schäfer war einer der letzten Mitarbeiter, die erst am 8. Mai 1945 die E-Stelle verließen. In seinen Erinnerungen schreibt er:

„Das Optische Labor im Ausbau der Halle-II unterstand der Gruppe II E unter Stabsingenieur Ludwig Röhm. Es war ein sehr großer heller Raum mit drei großen Fenstern im Eck, welche in der Unterstellung je einmal mit

optisch geschliffenen Scheiben versehen waren, um auch bei kaltem Wetter einwandfreie Beobachtungen und Versuche zu gewährleisten…Die Ausrüstung des Optischen Labors war äußerst vielseitig und wurde laufend – je nach Versuch – erweitert… Kälte- und Hitzeversuche waren für jedes Gerät und Visier und Periskop vorgeschrieben. Eine hochmoderne Kältekammer war stationär in Halle VII eingebaut. Der Kälterezipient für Geräte und MG s ging bis -60°C auch mit Unterdruck, um Höhen bis zu ca. 15 000 m Höhe zu simulieren. Der große Kälteraum daneben konnte auch von Personal mit Schutzkleidung betreten werden, wo man zugleich auf die freie See rausschießen konnte. Diese Anlage hat sich über die ganzen Kriegsjahre glänzend bewährt und wurde auch von den Firmen Mauser und Rheinmetall benutzt. Für Rüttelversuche standen in Halle II mehrere Rütteltische mit verschiedener Geschwindigkeit und Amplituden, welche auch vom Optischen Labor viel benutzt wurden…
Ende April 1945, beim Anrücken der Feindtruppen, wurde in Tarnewitz sämtliches Material an Akten, Erprobungsberichten, Filmen und Fotos durch Verbrennen vernichtet, viele Geräte und Waffen usw. in die Ostsee versenkt…"

Dennoch haben einige Fotos und Erprobungsberichte die angeordnete Vernichtung überstanden, wie man in „Mythos Tarnewitz" lesen und sehen kann.

ACHTUNG, SPERRZONE!

Strenge Geheimhaltungs-Stufen und so genannte Sperrzonen sorgten dafür, dass nichts aus der E-Stelle nach außen drang. Es gab ausgetüftelte Sicherheitsschleusen und entsprechende Sperrgebiete. Für heikle Schießversuche auf dem Wasser brauchte man ein ständiges Sperrgebiet von etwa sechs Kilometern. So konnte man, wenn man wollte, ohne große Vorbereitung sofort mit den Schießübungen beginnen. Oft wurde auch gleich von der Schießhalle VII aus auf Ziele im Wasser geschossen – ohne dass das Flugzeug bewegt werden musste. Sperrzonen gab es gleichfalls für den Luftbereich. Etwa, wenn Schießflüge auf geschleppte Luftziele stattfanden. Das sah dann so aus, dass Schießscheiben (die anfangs aussahen wie große Drachen) an bis zu 1000 Meter langen Seilen durch die Luft geschleppt wurden. Hochgefährlich!

Gewaltige Explosion: Eine He 177 warf zu Vermessungszwecken eine 500-kg-Bombe vor der E-Stelle ins Wasser – danach gab es viele tote Fische

Bei Seeflug-Tests waren alle Ziel-Objekte im Wasser. Sie befanden sich entweder auf Schuten (flaches, offenes Wasserfahrzeug) oder auf künstlichen Steininseln. Aus dem Meer ragende Überreste kann man heute noch sehen.

In diesem Erprobungsbereich hatte die Gruppe „Schiffe und Boote" besondere Aufgaben. Sie musste sich um die Wartung, Reparatur und Auswertung der Zielpunkte kümmern. Das übernahmen meist Fischer aus Tarnewitz und Boltenhagen. Gezwungenermaßen, da sie ihre alten Fangplätze ans Militär-Sperrgebiet abtreten mussten. So gehörten sie, wenn meist auch unfreiwillig, mit zu den ständigen Helfern des Flugplatzes.

Barkassen und Fischerboote wurden zur Absicherung der Schießgebiete und zur Kontrolle und Auswertung der Seescheiben eingesetzt

GEHEIME WERKSTÄTTEN

Ende 1938 waren alle vorgesehenen Anlagen für Erprobungsversuche fertig. Auch die Personalsituation hatte sich gebessert. Jetzt begann die eigentliche Hochphase der Erprobungen. Dafür wurden spezielle Versuchs-Werkstätten eingerichtet. Hier arbeiteten Waffen- und Munitions-Spezialisten, die gerufen wurden, wenn ein Versuch ins Stocken kam. Besonders die optischen Geräte samt elektrischem Zubehör waren eine Sache für sich. Meister und hoch qualifizierte Facharbeiter arbeiteten eng mit den Erprobungsgruppen zusammen. Elektromechaniker Horst Jens erinnert sich, dass Spezial-Werkstätten über das ganze Gelände

Erprobung des Rückblick-Periskops an einer Bf 110

verteilt waren. Außerdem gab es umfangreiche Ersatzteillager. Auch alle Arten von Munition für die Erprobungswaffen wurden in zwei speziellen Bunkern im Steilküstenabschnitt zur Wohlenberger Wiek gelagert. Kurzum: Es gab in der E-Stelle Tarnewitz nichts, was es nicht gab!

In der Erprobung: Heckstand einer He 177 A-3 mit 4 Maschinengewehren MG 301V (das „V" steht für Versuch)

TAG DER OFFENEN TÜR

Man mag heute darüber spekulieren, weshalb der so streng bewachte und hermetisch abgeriegelte Flugplatz für einen Tag der Bevölkerung zugänglich war. Wollte man die Einigkeit von „Führer, Volk und Vaterland" demonstrieren? Militärische Stärke vorführen?

Wie dem auch sei: Am 1. März 1940, dem Tag der Luftwaffe, veranstaltete die Tarnewitzer E-Stelle einen Tag der offenen Tür. Erstmals wurden Flugzeuge und Waffen der Öffentlichkeit gezeigt. Die E-Stelle zauberte beinahe eine Volksfest-Atmosphäre. Für Stunden vergaßen die Besucher aus Tarnewitz und Boltenhagen, wo sie sich besuchsweise befanden: auf einer Erprobungsstelle für den totalen Krieg.

Am Tag der offenen Tür, dem Tag der Luftwaffe, war auch für Besucher die HE 111 ND+AR der E-Stelle Tarnewitz zu sehen

Lokales Ereignis: Großer Andrang am Tag der offenen Tür

Blick aus Halle I auf Besucher am Tag der Luftwaffe

Ausstellungsstücke vor Halle I (v. l.): Beute Morane MS-405, FW 44, He 72, Me 109, Beute Morane MS-406

Flieger im Gespräch am Tag der offenen Tür. Oberstabsingenieur Niedlich, Dipl.-Ing. Puls, Flugzeugführer v. Guenther (v.l.n.r.)

Eines der größten Flugzeuge, die Tarnewitz anflogen, war die von September 1942 bis April 1943 dort stationierte Ju 90 GF+GB Thüringen. Diese Maschine hatte eine Spannweite von 35 m, ein Leergewicht von 19,2 t und 4 Motoren mit je 750 PS. Das Flugzeug wurde zur Erprobung einer beweglichen Heckwaffe mit Öl-Hydraulik und einem Periskop-Visier PV 8 eingesetzt. Links im Bild: Oberstabsingenieur Hans Niedlich

Stieß auf großes Interesse bei den Besuchern: die ausgestellte BV 141, BL +AA. Halle V im Hintergrund war zu diesem Zeitpunkt bereits teilweise getarnt

Blick über den Platz in Richtung Norden am Tag der offenen Tür. Genau in der Mitte des Platzes ein Rauchfeuer, das den ganzen Tag loderte. Im Hintergrund die Insel Poel. Links die horsteigene He 111 ND+AR. Rechts: eine asymmetrische Blohm & Voss BV 141 BL+AA

Vereidigung der Technischen Kompanie der E-Stelle Tarnewitz am 6.10.1942

He 111 ND+AR der E-Stelle Tarnewitz

September 1939 – erster Kriegsmonat. Deutsche Truppen marschierten in Polen ein. Doch der Alltag ging zunächst weiter wie bisher – abgesehen von den Lebensmittelkarten, die nun eingeführt wurden, und der Kriegssteuer, die man auf Tabakwaren und Bier zu zahlen hatte. Indes: Das „Verwundetenabzeichen", das der „Führer" mit Verordnung vom 1. September stiftete, ließ ahnen, wohin die Zukunft steuerte. Die Zeit der Opfer begann – und die Zeit der Täter.

In Tarnewitz gingen die Forschungs- und Erprobungsarbeiten weiter. Etwa 250 Mitarbeiter zählte die E-Stelle jetzt: 40 Ingenieure und Techniker, 160 Meister und Facharbeiter.

Die Bewaffnung der deutschen Flugzeuge brachte in den ersten Kriegsmonaten die erhofften Erfolge. Das änderte sich erst mit der Luftschlacht um England. Schwachstellen der deutschen Flugzeugbewaffnung wurden deutlich, als Erkundungs- und Kampfflugzeuge auf die neue „Spitfire" stießen. Jetzt war die E-Stelle gefragt. Ihr Auftrag: die Kampfkraft der Bomber und Zerstörer so schnell wie möglich zu erhöhen.

Der Einbau nach hinten gerichteter Waffen schien zunächst die Lösung. Aber die Luftwaffe gab sich damit nicht zufrieden. Mit dem Überfall auf die Sowjetunion am 22. Juni 1941 wurde der Ruf nach stärkeren Waffen immer lauter.

Auch auf Tarnewitz wuchs der Druck. Man hoffte, mit der Entwicklung einer wirksamen Abwehrbewaffnung für neueste Kampfflieger das Problem zu lösen. Doch so einfach war das nicht. Es gab etliche Pannen. Oftmals war die Technik noch nicht ausgereift, so dass es immer wieder zu Unfällen kam. Der Kriegsalltag hatte jetzt auch das idyllische Tarnewitz eingeholt.

Im Sommer 1942 wurden verschiedene neue Waffen erprobt: Neben einer Kanone vom Kaliber 50 mm kam auch die neue Rakete R4M auf den Prüfstand. Ende 1942/43 wurden großkalibrige Bordkanonen in die aufgerüsteten Schlachtflugzeuge eingebaut. Damit wollte man jedes Ziel, ob Bomber oder Panzer, mit einem einzigen gezielten Schuss vernichten.

Als der Wahnsinn des Krieges auch waffentechnisch immer schwerer zu beherrschen war, kamen die unglaublichsten Kanonen zum Flugzeugeinbau, so die Flak 8,8 und die Panzerabwehrkanone 7,5 cm. In Tarnewitz wurden sie erprobt. Ein technisch unsinniges Unternehmen. Eigens für diese Versuche wurden Panzer und ein U-Boot als Beschussziele herbeigeschafft.

Beim anfänglichen Probeschießen mit solchen großkalibrigen Bordwaffen kamen schon am 3. August 1939 der Leiter der Erprobung, Helmut Zeising, und Paul Bernes ums Leben. Zeising wurde auf dem alten Friedhof im benachbarten Städtchen Klütz begraben.

Auch diese Ha 137 wurde in Tarnewitz als Beschussziel für RZ-Raketen verwendet

Letztes Geleit für die am 3. August 1939 abgestürzten Piloten Helmut Zeising und Paul Bernes. Der Trauerzug führte auch über den Flugplatz

Für neue Flugzeugtypen, zum Beispiel Messerschmitt Me 262, als Strahltriebsjäger musste in Tarnewitz die Startbahn zwischen Halle I und Halle VII verlängert werden.

Doch auch das reichte noch nicht aus. Eine zweite, verlängerte Startbahn zwischen den Hallen I und V wurde in Angriff genommen – aber bis Kriegsende nicht vollendet. Ein Grund waren die schwierigen Bodenverhältnisse mit Torf und Sumpf. Um die ausgebaggerten Torfschichten für die 1942 in Bau befindliche Startbahnverlängerung zu ersetzen, wurde Kies von dem in der Nähe liegenden Hohen Schönberg bei Klütz herangeschafft. Die Mengen waren so enorm, dass der Berg seine ursprüngliche Höhe von 100 Metern verlor und laut einer Flurkarte von 1994 nur noch 89,9 Meter maß. Das berichtete eine Dorfbewohnerin aus Hohen Schönberg der „Ostsee-Zeitung" am 14. August 2005.

ZWANGSARBEITER IN TARNEWITZ

Für diese Arbeiten wurden auch Zwangsarbeiter aus verschiedenen besetzten Ländern eingesetzt, u. a. aus der Ukraine, aus Italien und Frankreich. Noch bis in unsere Tage kam es zu bewegenden Momenten, wenn hochbetagte ehemalige Zwangsarbeiter an den Ort des damaligen Geschehens zurückkehrten – für sie ein ganz persönliches Stück Vergangenheitsbewältigung.

Die Autorin dieses Buches erlebte eine solche Begegnung im Sommer 2003, als der in Strasbourg lebende Rudolf Fischer noch einmal den Ort sehen wollte, an den er vor 60 Jahren als junger Mann verschleppt wurde. Der französische Pensionär: *„Ich war gerade 18, als Hitler den Elsass besetzte und ich zum Arbeiten nach Tarnewitz gebracht wurde. Zwangsarbeiter aus verschiedenen Ländern haben dort geschuftet. Es war eine harte Zeit..."*

Nicht nur die E-Stelle, auch ortsansässige Firmen profitierten von den Zwangsarbeitern (siehe auch Anlagen). Die Klützer Brunnenbau-Firma Nütt z. B. beschäftigte Zwangsarbeiter in der Tarnewitzer E-Stelle bei Bohrarbeiten und bei der Vorbereitung der Startbahnverlängerung 1942. Selbst das Arbeitsamt Wismar hielt die Hand auf, wie ein Schreiben vom 15. Juli 1942 an die Firma Nütt beweist: *„Nach Mitteilung der Bauleitung der Luftwaffe Tarnewitz werden die umstehend aufgeführten ausl. Arbeitskräfte bei Ihnen beschäftigt... Ich bitte Sie, mir die Beschäftigungsgenehmigungsgebühr in Höhe von RM 8,50 je Ausländer umgehend an die Kasse des Arbeitsamtes Wismar zu überweisen."* In diesem Falle betraf es die Italiener Alfredo Botton (Jahrgang 1903), Giuseppe Burattin (Jahrgang 1909) und Giovanni Busatto (Jahrgang 1902).

Betonarbeiten am südlichen Deich – auch Zwangsarbeiter wurden ab 1942 zu diesen Arbeiten herangezogen

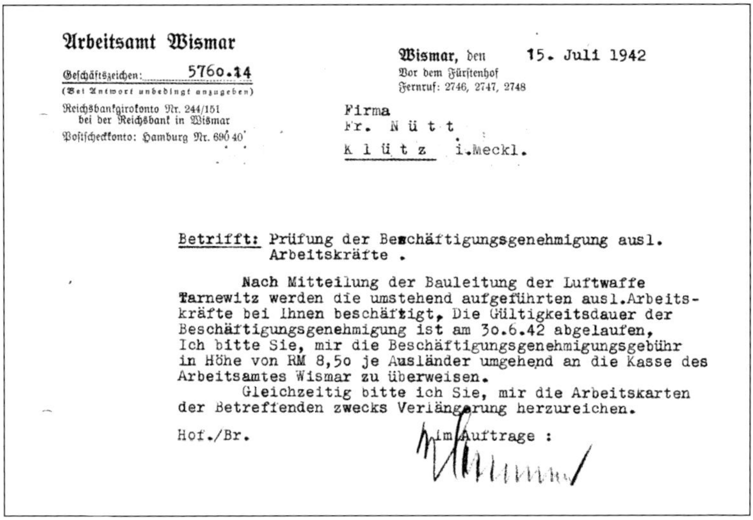

Arbeitsamt Wismar

Geschäftszeichen: 5760.14
(Bei Antwort unbedingt anzugeben)

Reichsbankgirokonto Nr. 244/151
bei der Reichsbank in Wismar

Postscheckkonto: Hamburg Nr. 696 40

Wismar, den 15. Juli 1942
Vor dem Fürstenhof
Fernruf: 2746, 2747, 2748

Firma
Fr. N ü t t
K l ü t z i.Meckl.

Betrifft: Prüfung der Beschäftigungsgenehmigung ausl. Arbeitskräfte .

Nach Mitteilung der Bauleitung der Luftwaffe Tarnewitz werden die umstehend aufgeführten ausl.Arbeitskräfte bei Ihnen beschäftigt. Die Gültigkeitsdauer der Beschäftigungsgenehmigung ist am 30.6.42 abgelaufen. Ich bitte Sie, mir die Beschäftigungsgenehmigungsgebühr in Höhe von RM 8,50 je Ausländer umgehend an die Kasse des Arbeitsamtes Wismar zu überweisen.

Gleichzeitig bitte ich Sie, mir die Arbeitskarten der Betreffenden zwecks Verlängerung herzureichen.

Hof./Br.

Im Auftrage :

Genehmigte die Beschäftigung von Fremdarbeitern: das Arbeitsamt Wismar

In Richtung Wohlenberger Wiek: Schutzmauer für Bordkanonenschießstände

Die Betonplatten haben bis heute alle Kriegs- und Naturwirren überstanden

Wilhelm Baumann im Sommer 1940 im Garten seiner Eltern auf der Insel Poel

Wer weiß heute noch, wie es auf der geheimen Waffenerprobungsstelle Tarnewitz wirklich zuging? Wilhelm Baumann von der Insel Poel ist vermutlich der letzte noch lebende Zeitzeuge, der die E-Stelle aus eigenem Erleben kennt. In einem Interview mit Dorian Rätzke gibt der ehemalige Luftwaffenangestellte weithin unbekannte Einblicke in das Innenleben der geheimen Insel. Welche Aufgaben er hatte, wie der Alltag auf der E-Stelle aussah – all das erzählt der 96-Jährige im Juli 2016 so lebendig, als wäre es erst gestern geschehen.

„DAS WAR JA ALLES STRENG GEHEIM"

Ich bin 1939 nach Tarnewitz gekommen, vorher war ich Ordonnanz in der Flakartillerieschule Wustrow. Eines Tages fragte mich mein Oberstleutnant, ob ich nicht Lust hätte, nach Tarnewitz zu gehen. Die E-Stelle war gerade fertig gebaut, man brauchte Leute. Aber was sollte ich da? Ich war weder Waffenspezialist noch Ingenieur. Doch der Oberstleutnant meinte, dass meine Schreibmaschinenkenntnisse dort gebraucht würden. Und dann ging alles ganz schnell. Ich bekam ein Schreiben aus Tarnewitz, in dem ich zu einem Vorstellungsgespräch beordert wurde. Ich bin dann hingefahren und wurde auch eingestellt - zunächst als Bürohilfskraft. Das war am 1. Februar 1939.

Können Sie sich noch an Ihren ersten Arbeitsplatz erinnern? Wie sah der aus?

Nicht besonders gemütlich. An einer Flugzeughalle war ein Anbau, in dem sich ein Ersatzteillager befand. Dort war mein erster Arbeitsplatz, mit mehreren Kollegen. Wir waren für Bordwaffen und Munition zuständig. Später wurde ein großes Lagergebäude gebaut, mit Büros, dann sind wir umgezogen. Ich wurde übrigens für einen Kölner eingestellt, der wie-

der zurück in seine Heimat wollte. Zufall. Ich muss mich wohl nicht dumm angestellt haben, denn schon zwei Monate später, im April 1939, wurde ich zum Luftwaffenangestellten befördert. Ich war mit 19 Jahren der jüngste Angestellte der E-Stelle.

Wie viele Leute haben damals dort gearbeitet?

Mindestens 500 Menschen. Viele kamen aus Wismar oder von der Insel Poel, wie beispielsweise drei Fischer. Sie gehörten zur Bootsgruppe, die aufs Meer fuhr und andere warnte, wenn geschossen wurde.

Womit waren Sie konkret beschäftigt?

Ich hatte mit der Munition- und Ersatzteilbeschaffung für die Bordwaffen zu tun. Das war ja alles streng geheim. Wir wurden alle acht Wochen geschult, und wir durften weder was in der Familie noch am Biertisch erzählen. Uns wurden in der Schulung immer wieder Beispiele für Spionagetätigkeit vorgetragen, welche Fälle möglich waren. Und dass auf Geheimnisverrat die Todesstrafe stand. Wer wollte das schon riskieren?

Wilhelm Baumann im Juli 2016 – und als junger Soldat 1940

Sie waren also verschwiegen?

Davon können Sie ausgehen. Wir mussten ja unterschreiben, dass wir an der Schulung teilgenommen haben, wir waren ja zum Schweigen verpflichtet. Daran habe ich mich gehalten. Wir waren auf einem Militärgelände, da galten andere Regeln als zu Hause. Obwohl mir manchmal schon mulmig war und man sich das eine oder andere zusammenreimen konnte. Ich musste zum Beispiel öfter in den Munitionsbunker, da habe ich schon mal Beklemmungen gehabt.

Wieso? War der Bunker so klein?

Nein, da konnten sogar Lkw reinfahren, aber die viele Munition – da konnte einem schon unheimlich werden.

Wie sah Ihr Dienstalltag aus?

Mein Dienst begann um sieben Uhr morgens. Um kurz vor sieben lief ich durch die Wache, zeigte kurz den Ausweis und machte mich dann auf den Weg in mein Büro, im Technischen Amt. Die Tische dort waren aus Metall, darunter standen Schränke mit großen Schubladen für Karteien für Ersatzteile, die wir bestellen mussten. Freitags ging unser Dienst von 7 bis 18 Uhr. Dann stand schon der Luftwaffenbus vor der Tür und brachte uns nach Wismar, ich musste ja nach Poel. Montags ging es wieder zurück. Manchmal bin ich auch mit dem Rad gefahren, dann bin ich schon um vier Uhr aufgestanden, um pünktlich um sieben beim Dienst zu sein. Also drei Stunden mit dem Rad nach Tarnewitz gestrampelt.

In der Woche habe ich im Ledigenwohnheim, einem schönen Klinkerbau, in Boltenhagen gewohnt. Wenn ich bis 16 Uhr Dienst hatte, lag ich kurz darauf schon am Strand. Samstag und Sonntag hatten wir frei, dann sind wir oft tanzen gegangen.

Wissen Sie noch, was Sie damals verdient haben?

Ja, ich habe 125 Reichsmark bekommen. Davon konnte ich sogar noch 25 Reichsmark sparen. Ich brauchte ja nicht viel, gegessen habe ich in der Offiziersmesse. Da kostete ein großes Schnitzel mit Gemüse, Kartoffeln und Vorsuppe 50 Pfennige. Von meinem Verdienst kaufte ich mir auch Wäsche und Anzüge, es ging mir gut.

Tarnewitz hatte auch einen Segelfliegerhorst. Nur zum Vergnügen?

Nicht nur, obwohl ich begeisterter Segelflieger war. Aber wir haben auch Lastenseglertransporte gehabt, zum Beispiel mit 15 Mann, die kein vergnüglicher Ausflug waren. Der Auftrag lautete, diesen Transport mit der Ju 52 auf 3000 Meter Höhe zu bringen, damit der Segelflieger allein weiterfliegen konnte. Er sollte dann geräuschlos mit den Leuten hinter der Front landen. Also Kriegseinsatz.

Haben Sie sich nie Gedanken über den Sinn der E-Stelle gemacht?

Anfangs nicht. Wie gesagt, ich war jung, und es ging mir besser als vielen anderen, die keine Arbeit hatten. Wir waren ja im nationalsozialistischen Sinne erzogen worden. Wir glaubten, was Hitler predigte. Die Kommunisten hatten das kommende Drama schon früh erkannt. Auf ihren Plakaten stand, wer Hitler wählt, wählt den Krieg. Aber das wollte keiner wahrhaben.

Auf der E-Stelle wurden Waffen für den Krieg erprobt. Gab es auch tödliche Unfälle?

Ja, aber es wurde nicht darüber gesprochen. Zwei Tragödien habe ich selbst beobachtet. Die erste sah ich aus einiger Entfernung auf unserem Gelände. Mehrere Männer fuhren dort mit einem E-Karren herum, plötz-

lich fielen sie aus dem Wagen, und das Gefährt fuhr allein weiter. Was war passiert? Techniker hatten bei der Erprobung schwerer Bordwaffen den Kugelfang durchschossen und dabei die zufällig vorbeifahrenden Männer getroffen. Die fünf waren sofort tot.

Das andere Drama, das ich gesehen habe, spielte sich an einem herrlichen Sonnentag ab. Eine in Frankreich erbeutete Curtiss-Maschine sollte von Tarnewitz nach Berlin-Tempelhof gebracht werden. Der Pilot erzählte uns, dass seine Frau und der kleine Sohn dort schon auf ihn warten würden. Er stieg freudig ins Flugzeug, startete und flog noch eine Schleife über uns. Kurz darauf stürzte die Maschine in die Oberhofer Allee. Wir konnten die wahnsinnigen Rauchwolken sehen. Die Maschine rammte wohl über vier Meter in den Boden. Man hat uns später erzählt, dass der Testpilot regelrecht zerfetzt wurde.

Wie viele Mitarbeiter kamen in Tarnewitz ums Leben?

Mindestens 40 Menschen. Aber das blieb streng geheim. Nach Unfällen wurde eine Flugzeughalle ausgeräumt und mit Tannengrün geschmückt. Da wurde die Särge dann hingestellt und von zwei He-111 Heinkel-Maschinen und einem Musikcorps flankiert.

Trauerfeier: In Halle I wurden die toten Piloten aufgebahrt

Hatten Sie während des Krieges keine Angst, dass die E-Stelle Bombenziel sein könnte?

Doch, davor hatte man schon Angst. Ich erinnere mich noch, als ich eines Abends gegen 10 Uhr fast ein Erdbeben erlebte. Das dachte ich jedenfalls, weil alles um mich herum krachte und wankte. Es war ein Bombenangriff, zum Glück nicht auf Tarnewitz, sondern auf unseren Tarnflugplatz im Moor in Hohen Wieschendorf. Dort haben die Engländer Bomben abgeworfen. Alles brannte. Kurz darauf warfen die Engländer dann Flugblätter ab, auf denen stand: ‚Wir kommen wieder!' Aber sie kamen nicht wieder – zum Glück.

„OPFER IN GRÖSSTER ZAHL"

Wurde auf der E-Stelle nur geschossen und geschuftet? Natürlich nicht, der Alltag hatte viele Facetten. Alteingesessene Tarnewitzer und Boltenhagener hatten sich an die E-Stellen-Leute gewöhnt, man wohnte sozusagen Tür an Tür und kam sich in mancher Hinsicht näher. Mit dem Treiben auf der Halbinsel, den starken Explosionen und Tieffliegern, konnten sich allerdings die wenigsten anfreunden. Das wurde auch deutlich, als im April 1940 Tarnewitz in die Gemeinde Boltenhagen eingegliedert werden sollte. Der Protestbrief des Tarnewitzer Bürgermeisters Bumann an den Landrat des Kreises Schönberg, geschrieben am 25. April 1940, spricht eine deutliche Sprache:

„Es muß an dieser Stelle nochmals darauf hingewiesen werden, dass die Gemeinde Tarnewitz durch den Aufbau des Flugplatzes Opfer in größter Zahl gebracht hat, welche auch dem Herrn Landrat bekannt sein dürften. Diese Opfer geben der Gemeinde aber auch das Recht, einer Einge-

meindung in die Gemeinde Boltenhagen mit allen gesetzlich zulässigen Mitteln entgegenzutreten. Bei der ... Rücksprache mit meinen Gemeinderäten wurde auch von diesen immer wieder betont, dass wir kein Interesse an dem Flugplatzgelände und deren Bewohner haben, jedoch unsere Gemeinde unbedingt selbständig bleiben muß."

Doch das Protestieren half nicht: Von der Belegschaft der E-Stelle wohnten zu jenem Zeitpunkt etwa 20 in der Gemeinde Tarnewitz. Obendrein wurden 125 Hektar Tarnewitzer Land Boltenhagen „zugeschlagen". Erst 1951 bekam Tarnewitz das Land zurück.

E-Stellen-Alltag – das war neben der üblichen Militärausbildung und den Erprobungen neuer Waffen auch Freizeit. Man ging im Sommer an den Strand, feierte gelegentlich, las, hörte Radio und suchte Zerstreuung.

Im Offizierskasino kam man sich näher: Silvesterfeier im Jahre 1942

Alltags-Pflicht: militärische Ausbildung

Alltags-Vergnügen: Entspannung am Strand

Weihnachtsfeier der Mitarbeiter der E-Stelle Tarnewitz im Dezember 1937

Musik-Corps der E-Stelle

ZIVILISTEN DURFTEN MITFLIEGEN

„In Tarnewitz und Umgebung", berichtet E-Stellen-Forscher **Mathias Jens**, „erfreute sich seit Bestehen der dortigen E-Stelle eine Segelfluggruppe großer Beliebtheit. Sie war prinzipiell Teil der militärischen Flugplatzorganisation und somit nur Angehörigen der E-Stelle zugänglich. Dennoch ist es bewiesene Tatsache, dass auch Zivilisten Eintritt in diese Gruppe fanden, teilweise ist auch von weiblichen Mitgliedern die Rede."

Das horsteigene Segelflugzeug „Baby" IIb (D-3-1212) mit dem Leiter der Fluggruppe, im Hintergrund ein Panzer für Geschosserprobung

Startbereit: Segelflugzeuge

Die Flugsportgruppe mit der Bezeichnung „NSFK-Sturm 8/12 Tarnewitz" leitete Heinz Schäfer, ein begeisterter Segelflieger, der in der E-Stelle als Fotograf und später als Leiter der Bildstelle tätig war.

Die Bedingungen für die Segelflieger waren in Tarnewitz nahezu ideal. Es existierte alles, was für eine Segelflugschule nötig war: Unterstellmöglichkeiten für die Flugzeuge und beste technische Ausstattung. Mit Flugzeugen war die kleine Gruppe gut bestückt: Neben zwei SG38 gab es noch je ein Grunau Baby IIb, eine Mü13 und eine doppelsitzige Gö4.

Außerdem hatten die angehenden Segelflieger eine Werkstatt vor den Toren der E-Stelle. Bevorzugte Segelstrecke war das Revier an der Ostsee nordwestlich von Redewisch (Groß Klützhöved) – dort, wo auch heute Paraglider mit Vorliebe fliegen. Interessant ist, dass die Tarnewitzer Segelflugzeuge noch Ende Februar 1945 starteten.

Dieses amerikanische Luftbild vom 8. Oktober 1943 macht deutlich:
Die Alliierten wussten genau, was in Tarnewitz vor sich ging

Ein Tausendjähriges Reich sollte es werden, nach 12 Jahren war der Spuk vorbei. Auch E-Stellen und „Wunderwaffen" konnten das Ende des Hitler-Regimes nicht hinauszögern. Tarnewitz selbst teilte nicht das Schicksal der meisten deutschen Flugplätze: Die Halbinsel blieb bis Kriegsende von den gefürchteten schweren Bombenangriffen verschont.

Bis auf unerhebliche Tieffliegerangriffe kam Tarnewitz glimpflich davon. Die Frage: Warum wurde Tarnewitz weitgehend verschont? War die E-Stelle vielleicht doch nicht so geheim wie ihr Ruf? Gab es etwa ein „Leck" in der Waffenschmiede...?

Zu diesem Thema existieren noch heute jede Menge Gerüchte. Abenteuerlichste Spekulationen machten die Runde. Sie könnten einem James-Bond-Film entsprungen sein.

Eine Story, die sich bis in unsere Tage hartnäckig gehalten hat, erzählt von einem ominösen Spion. Er soll ein ehemaliger E-Stellen-Mitarbeiter auf der Tarnewitzer Halbinsel gewesen sein (mehr davon ist im Kapitel „Legenden und Gerüchte" zu erfahren).

Erwiesen ist zweifelsfrei, dass die alliierten Luftmächte den gut getarnten Standort Tarnewitz sehr wohl kannten und offenbar über jeden „streng geheimen" Schritt bestens informiert waren. Die amerikanische Luftbildkarte vom 8. Oktober 1943 (Foto links) bezeugt dies. Wurde Tarnewitz deshalb verschont? Nicht ganz.

Amerikanische Jäger starteten am 13. Mai 1944 einen ersten Tiefangriff auf die Halbinsel, und mehrere Flugzeuge auf dem Platz der E-Stelle wurden dabei beschädigt. Die Tiefflieger-Angriffe verstärkten sich gegen Ende des Krieges. Ein Kalendereintrag des E-Stellen-Mitarbeiters Hilbert belegt dies: *„5. oder 6. Mai 1945: Kamikaze-Staffel mit Si-Hummel in T'witz"* (siehe Anhang).

SCHEINFLUGPLATZ UND TARNUNG

Um die E-Stelle vor Angriffen zu schützen, wurde östlich von Tarnewitz auf der Hohen Wieschendorfer Huk ein Scheinflugplatz angelegt, mit „Flugzeughallen" aus Stroh! Ein Potemkinsches Dorf...

Die Hallen und Gebäude der E-Stelle bekamen Tarnanstriche. Teile des Rollfeldes sollen damals grün und gelb angestrichen worden sein, um den Angreifern Rapsfelder und Wiesen vorzugaukeln.

Doch die Alliierten waren im Bilde. Sie sollen Flugblätter mit folgendem Text abgeworfen haben: *„Wir wissen, wo ihr seid!"* Trotzdem wurde die E-Stelle nicht bombardiert. Diese Tatsache ist ein Rätsel geblieben – bis heute.

Sollte die Alliierten irreführen: der Scheinflugplatz – östlich von Tarnewitz mit „Hallen" aus Stroh

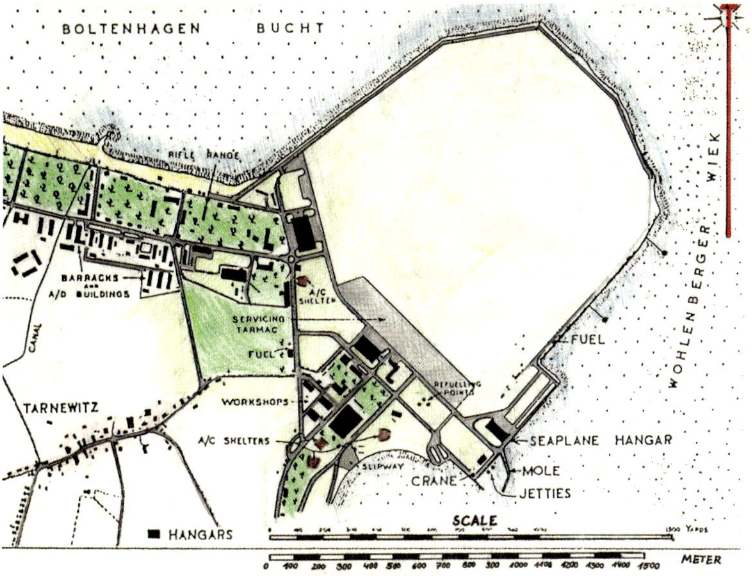

Lageplan des Flugplatzes

DAS ABSTURZ-DRAMA UM EUGEN SPEIER

Detaillierte Notstandspläne existierten auch in Tarnewitz. Mathias Jens schreibt im Band „Flugerprobungsstellen bis 1945“: „Als offensichtlich wurde, dass zunächst Westalliierte Tarnewitz erreichen und besetzen würden, organisierte man die Auslagerung der E-Stelle nach Gettorf bei Eckernförde. Der Platz an sich sollte intakt bleiben.

Wichtige Gerätschaften und Dokumente wurden zur Ausschiffung vorbereitet, die geheimsten Dinge ins Meer versenkt. Die wichtigsten Erprobungsflugzeuge flog man nach Schleswig aus, wobei die Überführung einer Me 262 mit einem Desaster endete.“ Flugbaumeister Eugen Speier, der seit 1942 auf der E-Stelle als Entwicklungs-

Eugen Speier. Sein Grab befindet sich auf dem Klützer Friedhof

ingenieur arbeitete, wollte noch am 1. Mai 1945 eine der beiden Tarnewitzer Messerschmitt-Modelle Me 262 in den Westen ausfliegen. Der geübte Flieger startete – und stürzte kurz darauf über dem Lagergebäude der E-Stelle ab. Was war geschehen? Warum musste der 31-jährige Eugen Speier wenige Tage vor Kriegsende sterben?

Ingenieur Bernhard Schultze, damals Mitarbeiter in Speiers Referat „Zielgeräte", beobachtete diesen Flug und war sich sicher: „Er überzog die vollgetankte Maschine beim Start und stürzte über unserem Lagergebäude ab, das dann völlig ausbrannte." (siehe auch S. 103)

Doch Dr. Frank Speier, Sohn des abgestürzten Flugzeug-Experten, sieht es nach seinen Recherchen anders. Erstmals äußerte er sich 2012 öffentlich zu dieser Tragödie:

„Wie mir von mehreren Seiten, unter anderem von einem ehemaligen Kollegen meines Vaters auf der Erprobungsstelle Tarnewitz, gesagt wurde, ist Folgendes abgelaufen: Angesichts des Heranrückens russischer Truppen Ende April 1945 sei beschlossen worden, dass die letzte Maschine vom Typ Me 262 nicht in russische Hände fallen sollte,

sondern – praktisch im Vorgriff auf die spätere politische Ausrichtung West-Deutschlands – den von der anderen Seite heranrückenden Amerikanern ausgeliefert werden sollte. Eine Alternative sei gewesen, die Maschine am Boden zu zerstören, wie dies auch mit vielen technischen Dokumenten geschehen ist. Der Einzige, der zu diesem Zeitpunkt noch auf der E-Stelle war und die Maschine fliegen konnte, sei mein Vater gewesen. Er habe somit am 30. April (der Tag, an dem sich Hitler bereits das Leben genommen hatte) den Befehl erhalten, mit der Me 262 nach Westen zu fliegen und die Maschine den dort vorrückenden Amerikanern zu übergeben. Die Maschine habe aber ein technisches Problem an einem der beiden Triebwerke gehabt, so dass am Abend des 30. April nicht gestartet werden konnte. Herr Schultze habe die Maschine über Nacht repariert, danach startete mein Vater am 1. Mai früh um 7 Uhr. Beim Start sei ein Triebwerk ausgefallen, dies habe zum Absturz der Maschine geführt, bei dem mein Vater ums Leben kam.

Besonders tragisch an dem Fall ist natürlich, dass die Russen gar nicht die ersten fremden Truppen waren, die den Flugplatz Tarnewitz einnahmen, sondern Truppen der Westmächte. Der Befehl vom 30. April 1945 – so weiß man heute – wäre gar nicht notwendig gewesen.

Ob in dieser Angelegenheit die Tatsache, dass mein Vater sich geweigert hat, in die NSDAP einzutreten, was zu erheblichen Auseinandersetzungen mit der Führung der E-Stelle geführt hatte, eine Rolle gespielt haben könnte, vermag ich nicht zu beurteilen. Man kann nichts ausschließen. Aber man kann vielleicht vermuten, dass die Leitung der E-Stelle ein Interesse daran gehabt haben könnte, dass bei einer zu erwartenden und kurz bevorstehenden Gefangennahme des gesamten E-Stellen-Personals keiner dabei war, der möglicherweise unliebsame Aussagen hätte machen können.

Dies ist aber nur ein einziges Schicksal in einer Zeit, in der überall unendlich viel gelitten und gestorben wurde, millionenfach. Meine Mutter hat dann am 2. Mai 1945 (ihrem 31. Geburtstag) mit mir (3 Jahre) und meinem Bruder (10 Monate) sowie der Mutter meines Vaters die Flucht über die Ostsee mit dem Schiff ‚Tatti' angetreten. Die Fahrt bis Eckernförde durch das verminte Gewässer und bedroht von Fliegerangriffen muss schrecklich gewesen sein. Viele andere Schiffe haben den Weg nicht geschafft.

Mein Vater wurde in Klütz beerdigt, sein Grabstein befindet sich noch heute auf dem Klützer Friedhof, auf der Rückseite des Mahnmals für die Opfer der Cap Arcona."

BEUTEFLUGZEUGE AUFGELISTET

Was nicht rechtzeitig beiseite geschafft werden konnte, wurde vernichtet. Flugzeugteile zerstörte man offenbar mit dem Schneidbrenner. Den Schrott brachte man nach Klütz und transportierte ihn dann per Bahn weiter. So haben die Allierten manches Kriegsgerät gar nicht mehr vorgefunden, als sie nach Tarnewitz kamen. Auch die Flugzeuge, die auf besonderen Listen der Alliierten standen, wurden auf der einstigen E-Stelle sicher vergebens gesucht. Dennoch war nach dem Krieg anhand

Beuteflugzeug Ju 388 V-6 PE + IF, Aufnahme 1945 in Farnborough

dieser Listen die Auswahl der Beuteflugzeuge sehr viel einfacher. Sobald man ein solches Exemplar fand, bekam es die Aufschrift „Air Ministry" mit einer laufenden Nummer. So geschah es wohl auch mit dem letzten entwickelten Junkersmodell Ju 388. Sechs verschiedene Versuchsflugzeuge (Baumuster V 1 bis V 6) mit unterschiedlichsten Ausrüstungen wurden in Tarnewitz von Juli 1944 bis Februar 1945 erprobt. Zeitzeugen berichten, dass Feuer auf dem Hallenvorfeld loderte und immer wieder Akten hineingeworfen wurden. Nichts sollte dem Feind in die Hände fallen. Dennoch: Einige der streng geheimen Erprobungsberichte (s. Anhang) sind erhalten geblieben. Sie lassen ahnen, in welch schwieriger Situation mancher Pilot oder Techniker damals war.

Kriegsende – was geschah mit den etwa 1000 E-Stellen-Mitarbeitern? Die meisten von ihnen flüchteten auf zwei Schiffen nach Eckernförde und gingen in englische Kriegsgefangenschaft.

DEMONTAGE IN WEHRMACHTSKLAMOTTEN

Wie ging es weiter mit der E-Stelle? Wer fühlte sich für die Überreste zuständig? Was passierte mit den demontierten Erprobungshallen? **Zeitzeuge Kurt Schwarz, der seit 1977 in Neundorf / Lobenstein (Thüringen) lebt, erinnert sich:**

„Ich habe die Demontage vom Flugplatz Tarnewitz erlebt – im Alter von knapp siebzehn Jahren. Ich war Flüchtling aus Hinterpommern, kam am 8. März 1945 in Grevesmühlen an und wurde dort sesshaft. Im Sommer 1946 bekam ich vom Arbeitsamt in Grevesmühlen die schriftliche Aufforderung, mich bei der Demontage vom Flugplatz Tarnewitz zu melden. Gleich mir erhielten noch weitere fünf Jungen in meinem Alter die Aufforderung. So fuhren wir nach Klütz mit der Bahn, und von dort pilgerten wir zu Fuß die Straße entlang nach Boltenhagen, wo wir uns im Deutschen

Haus melden sollten, dort wurden wir auch untergebracht. Wir waren alle ärmlich gekleidet, ich trug alte Wehrmachtsklamotten, auch eine alte Soldatenmütze, und die Füße steckten in klobigen Holzschuhen mit dicken Holzsohlen. Wir sahen aus wie Sträflinge. Unser karges Frühstück bestand aus einem Stück Brot, Harzer Käse und heißem Malzkaffee, den uns jeden Morgen eine ältere Frau kochte. Dann zogen wir zu Fuß zum Flugplatz.

Jeden Morgen kam ein LKW gefahren, die Ladefläche voll mit Arbeitern, die stehend dicht gedrängt zum Platz gefahren wurden. Wir arbeiteten mit Schaufel und Spaten und räumten Schutt beiseite. Es muss dem Plan nach die Halle I gewesen sein. Oben an den Trägern arbeiteten die Leute von der Hochkolonne. Es war gefährlich, denn sie bewegten sich freihändig auf den Trägern und schlugen mit Hammer und Meißel die Nieten ab, die die Träger zusammenhielten. Später war ich auch in der Kolonne, für kurze Zeit. Mit einfachen Flaschenzügen wurden die Träger herabgelassen. Es kam auch vor, dass sich ein Träger löste und herunterfiel, sehr zum Ärger der russischen Aufsicht, die ständig alles kontrollierte.

Draußen vor der Halle wurden die Teile ordentlich gestapelt und mit Farbe gekennzeichnet, denn die Hallen sollten in der Sowjetunion wieder aufgebaut werden – so hieß es. An der Seite der Halle waren Büroräume angebracht mit einer bald 30 Zentimeter dicken Betonschicht als Dach. Das war Schwerstarbeit, die Decken zu zertrümmern. Wir hatten nichts im Magen, hatten ewig Hunger und waren nur noch Haut und Knochen. Die Russen hatten vor ihren Räumen große Holzfässer stehen, in denen sie grüne Tomaten wie Salzgurken eingelegt hatten. Wir passten auf, wenn der Posten uns mal den Rücken kehrte, und angelten uns Tomaten heraus. Den „flotten Otto" hinterher nahmen wir gerne in Kauf.

Während der Zeit hatten wir zweimal im Kasino Versammlung. Ein Redner sprach zu uns über den verlorenen Krieg und das Naziregime. Abends trotteten wir müde und hungrig zum „Deutschen Haus". Wenn unsere Lebensmittelmarke es zuließ, aßen wir im „Ostseehotel" einen Ein-

topf. Meine Mutter hatte irgendwoher mal Speiseöl aufgetrieben. Sie röstete darin Zwiebeln, würzte mit Salz, Majoran oder Thymian, gab Grieß dazu und kochte alles auf. Das fertige Produkt hieß dann Stalinschmalz und schmeckte auf der Stulle hervorragend.

Wir blieben die Woche über in Boltenhagen und fuhren freitagabends mit dem Zug nach Grevesmühlen und sonntagabends wieder zurück nach Boltenhagen. Das war immer ein langer Weg zu Fuß vom „Deutschen Haus" bis zum Bahnhof in Klütz. Bevor man rechts abbog zum Bahnhof, lag links ein Fleischerladen. Hier kauften wir uns manchmal eine Blutwurst, die markenfrei war. Statt Fleisch wurde oft der Harzer Käse ausgegeben, der in der neu eingerichteten Käserei in Grevesmühlen hergestellt wurde.

Ab Ende November hörte ich auf bei der Demontage in Tarnewitz und begann meine Lehre in Grevesmühlen bei der aus Stettin evakuierten Firma „Präzision Reiß & Co." als Schlosser."

ENTNAZIFIZIERUNG IM FALL GÖTTSCHE

Auch für Hermann Göttsche, der sich im Laufe der Jahre von der Bürohilfskraft zum leitenden Angestellten qualifiziert hatte, war ab Mai 1945 die E-Stelle Geschichte. Was kam danach? Das Leben ging zwar weiter, aber es gab neue Regeln für die neue Zeit. Wo war jetzt ein Platz für einen Mitläufer wie ihn? Wer gab dem ehemaligen NSDAP-Mitglied Arbeit? Mit dem Zeugnis der E-Stelle Tarnewitz und dem Entlassungsschein aus dem einstigen Heer war nicht viel anzufangen. Göttsche brauchte, um wieder beruflich Fuß zu fassen, ein ganz wichtiges Papier: den Entnazifizierungsbescheid. Ehemalige Nationalsozialisten wurden in fünf Kategorien auf ihre Kriegsschuld überprüft. 1. Hauptschuldige (Kriegsverbrecher), 2. Belastete (Aktivisten, Militaristen, Nutznießer), 3. Minderbelastete, 4. Mitläufer, 5. Entlastete. Grundlage für diese Verfahren war das „Gesetz Nr. 104 zur Befreiung von Nationalsozialismus und Militarismus", das am 5. März 1946 in Kraft trat. Hermann Göttsche wurde in einem amtlichen Einreihungsbescheid des Entnazifizierungs-Hauptausschusses Kiel vom 22. Januar 1951 von der ersten Einstufung in die Kategorie IV (Mitläufer) in die Kategorie V (Entlastete) eingestuft.

Interessant in diesem Zusammenhang: Sein ehemaliger Chef der Erprobungsstelle Tarnewitz, Oberst-Ingenieur Hans P. Niedlich, schrieb ihm noch 1951 (!) ein Führungszeugnis, mit der Schlussbemerkung: „G. war mir ein sehr wertvoller Mitarbeiter, ich halte ihn im Einsatz in noch größerem Betrieb, als dem oben erwähnten, für befähigt."

Ob dieses Schreiben Hermann Göttsche weitergeholfen hat, ist nicht bekannt. Aber er hat hat es in seinen Akten aufbewahrt.

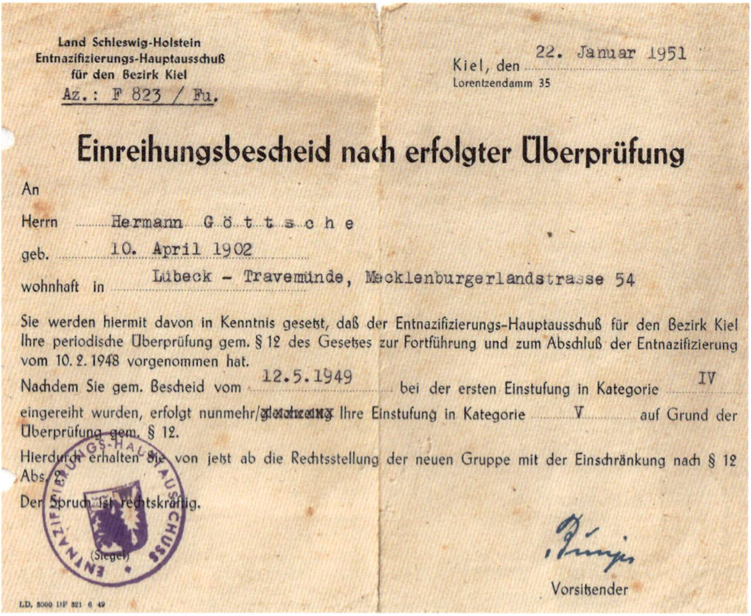

Land Schleswig-Holstein
Entnazifizierungs-Hauptausschuß
für den Bezirk Kiel
Az.: F 823 / Fu.

Kiel, den 22. Januar 1951
Lorentzendamm 35

Einreihungsbescheid nach erfolgter Überprüfung

An

Herrn Hermann G ö t t s c h e

geb. 10. April 1902

wohnhaft in Lübeck - Travemünde, Mecklenburgerlandstrasse 54

Sie werden hiermit davon in Kenntnis gesetzt, daß der Entnazifizierungs-Hauptausschuß für den Bezirk Kiel Ihre periodische Überprüfung gem. § 12 des Gesetzes zur Fortführung und zum Abschluß der Entnazifizierung vom 10. 2. 1948 vorgenommen hat.

Nachdem Sie gem. Bescheid vom 12.5.1949 bei der ersten Einstufung in Kategorie IV eingereiht wurden, erfolgt nunmehr/~~gleichzeitig~~ Ihre Einstufung in Kategorie V auf Grund der Überprüfung gem. § 12.

Hierdurch erhalten Sie von jetzt ab die Rechtsstellung der neuen Gruppe mit der Einschränkung nach § 12 Abs. 2.

Der Spruch ist rechtskräftig.

ENTNAZIFIZIERUNGS-HAUPTAUSSCHUSS
(Siegel)

Vorsitzender

LD. 8000 DF 821 6 49

Wichtiges Papier: der Entnazifizierungsbescheid für Hermann Göttsche

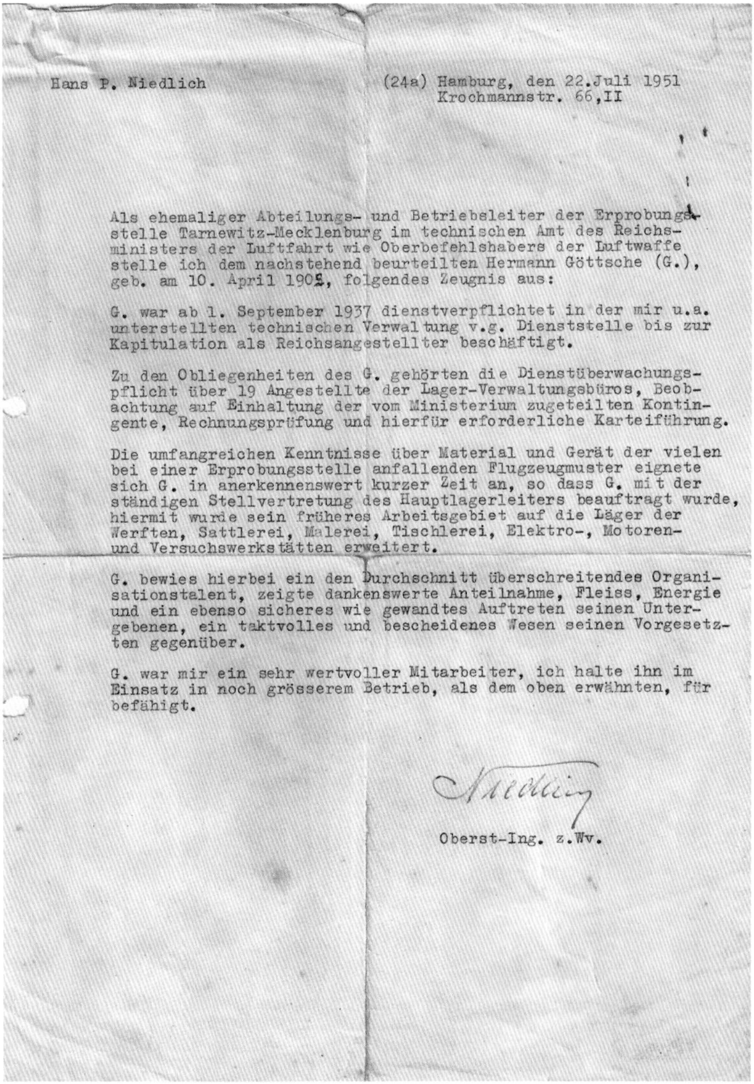

Hans P. Niedlich (24a) Hamburg, den 22.Juli 1951
Krochmannstr. 66,II

Als ehemaliger Abteilungs- und Betriebsleiter der Erprobungsstelle Tarnewitz-Mecklenburg im technischen Amt des Reichsministers der Luftfahrt wie Oberbefehlshabers der Luftwaffe stelle ich dem nachstehend beurteilten Hermann Göttsche (G.), geb. am 10. April 1902, folgendes Zeugnis aus:

G. war ab 1. September 1937 dienstverpflichtet in der mir u.a. unterstellten technischen Verwaltung v.g. Dienststelle bis zur Kapitulation als Reichsangestellter beschäftigt.

Zu den Obliegenheiten des G. gehörten die Dienstüberwachungspflicht über 19 Angestellte der Lager-Verwaltungsbüros, Beobachtung auf Einhaltung der vom Ministerium zugeteilten Kontingente, Rechnungsprüfung und hierfür erforderliche Karteiführung.

Die umfangreichen Kenntnisse über Material und Gerät der vielen bei einer Erprobungsstelle anfallenden Flugzeugmuster eignete sich G. in anerkennenswert kurzer Zeit an, so dass G. mit der ständigen Stellvertretung des Hauptlagerleiters beauftragt wurde, hiermit wurde sein früheres Arbeitsgebiet auf die Läger der Werften, Sattlerei, Malerei, Tischlerei, Elektro-, Motoren- und Versuchswerkstätten erweitert.

G. bewies hierbei ein den Durchschnitt überschreitendes Organisationstalent, zeigte dankenswerte Anteilnahme, Fleiss, Energie und ein ebenso sicheres wie gewandtes Auftreten seinen Untergebenen, ein taktvolles und bescheidenes Wesen seinen Vorgesetzten gegenüber.

G. war mir ein sehr wertvoller Mitarbeiter, ich halte ihn im Einsatz in noch grösserem Betrieb, als dem oben erwähnten, für befähigt.

Oberst-Ing. z.Wv.

Wohlwollende Beurteilung noch 1951 von Oberst-Ingenieur Hans P. Niedlich

Erste Versuchsfilmaufnahmen mit den neuen Agfa-Color-Filmen mit einerAscani
Normalfilmkamera beim Start einer Do 17. Aufnahme von November 1940

Mythos Tarnewitz. Geschichten und Gerüchte machen nun schon seit über sieben Jahrzehnten die Runde. Wenn man wenig weiß, wird viel vermutet: Gab es Spione, geheime Bunker, versteckte Nazi-Dokumente oder vergrabene Waffen? Dichtung und Wahrheit – wo ist die Grenze? Zeitzeugen und Experten schildern im Folgenden ihre spezielle Arbeit und ihre Erlebnisse auf der geheimen Erprobungsstelle Tarnewitz.

DIE SACHE MIT DEM SPION

Horst Jens, in der E-Stelle als Elektromechaniker tätig, erinnert sich:

„Nach dem Krieg kamen alle Männer aus Boltenhagen in Gefangenschaft – nur einer nicht, das war verwunderlich. Bald machte ich mir einem Reim darauf, denn ich wurde Augenzeuge folgender Geschichte:

Eines Tages hielt direkt vor unserem Haus, damals A-Straße 25 (Arbeiterstraße), ein Panzer der Alliierten. Ein Mann, ich kenne seinen Namen, aber nenne ihn mal Hans, kam daher und wurde von den Amis angehalten. Er zeigte ein Papier vor.

Der Soldat las, spuckte Hans ins Gesicht und scheuchte ihn weg. Damit war klar, was wir vermuteten: Hans war Agent. Kaum aber, dass die Rote Armee in Boltenhagen war, verschwand Hans. Man hatte ihn abgeholt und ins Arbeitslager gebracht.

Die Russen hatten von den Alliierten die Genehmigung, alle Personen zwischen 16 und 50 abzuholen und für Wiedergutmachungs-Arbeiten einzusetzen. Er kam erst 1946 wieder nach Hause. Kurze Zeit darauf wurde er wieder abgeholt.

Da ich 1949 in den Westen ging, weiß ich nicht, was aus ihm geworden ist. Ich nenne seinen Namen nicht, denn ich kann seine Agententätigkeit nicht beweisen. Da er aber zum Ingenieur-Corps zählte, war er an exponierter Stelle…

DER BUNKER-IRRGLAUBE

Tarnewitz hat auch eine Bunker-Legende. Immer noch vermutet man auf dem Areal der E-Stelle bisher unentdeckte, geheime Bunker. Hierzu weiß Zeitzeuge **Horst Jens:**

> *„Auch wenn immer wieder von unterirdischen Bunkern erzählt wird – es gab keine. Es gab lediglich unterirdische Materiallager, also Keller. Da befanden sich Ersatzteile für die Erprobungsmaschinen. Von da aus führten Versorgungskanäle für Wasser und El-Versorgung zu den verschiedenen Erprobungshallen. Bei Reparaturen musste man also nicht lange über den Platz laufen, sondern kam unterirdisch schnellstens dorthin."*

Kein Bunker aus der Nazi-Zeit, sondern aus der NVA-Ära

Flug-Wache auf dem 24 m Flakturm der E-Stelle

JEDER NAHM SICH WAFFEN

Heinz Schäfer von der Technischen Kompanie:

„Die Technische Kompanie hatte in den letzten Kriegsmonaten eine Stärke von rund 100 LW-Soldaten, davon waren ca. 30 Mann ständig neben dem Kompaniedienst in der Erprobungsstelle in verschiedenen Ämtern eingesetzt – je nach ihrer vorherigen Ausbildung, meist als Bodenpersonal und Waffentechniker. Nebenbei waren alle für die Verteidigung der E-Stelle eingesetzt, als Wachdienst und Flugabwehr rings um den Platz mit MGs. Der Platz war den ganzen Krieg über nie angegriffen worden. Warum er verschont wurde, obwohl man ihn aus der Luft gut erkennen konnte, ist bis heute ungeklärt.

Im April 1945 kamen dann die ersten Tiefstangriffe von amerikanischen Elitestaffeln mit dem neuesten Mustang-Typ. Etliche Erprobungsmaschinen wurden beschädigt. Zur Verteidigung des Platzes wurden alle Erprobungs-MGs, die zu Dutzenden in den Bunkern lagen, freigegeben. Jeder konnte sich seinen ‚Privatstand' selbst aufbauen. Munition war überreichlich vorhanden. Wir waren Tag und Nacht alarmbereit, um im Bedarfsfall sofort eingesetzt zu werden.

Dazu kam es aber nicht mehr. Denn den Tarnewitzer Landzipfel ließen die Alliierten bis zuletzt in Ruhe."

Fundstücke von 1999 – u. a. Erdanker, Sauerstoff-Flaschen, Kolben. Insgesamt 181 verschiedene Teile

Munitionsfund 1995 – als das Areal noch frei zugänglich war

ABSTURZ ÜBER DEM LAGERGEBÄUDE

Bernhard Schultze, damals Ingenieur auf der E-Stelle:

„Ich wurde 1940 sehr unvermittelt und unerwartet vom Technischen Amt des Reichsluftfahrtministeriums als Dienstverpflichteter, wie man es damals nannte, zur Erprobungsstelle Tarnewitz beordert. Es empfing mich Dr. Leder, damals Leiter der Zielgerätegruppe, der ich zugeteilt wurde. Nach meinem Nein auf die Frage, ob ich schon einmal geflogen sei, setzten wir uns in eine Ju 52, und er drehte ein paar für mich damals noch recht gewagte Runden.

Zu seinem Bereich gehörte auch Flugbaumeister Dipl.-Ing. Eugen Speier, in dessen Referat ‚Zielgeräte' ich bis Kriegsende mitarbeitete. Speier wollte am 2. Mai 1945 noch eine der beiden Tarnewitzer Me 262 (mit Stahltriebwerk) in den Westen ausfliegen. Dabei überzog er die vollgetankte Maschine beim Start und stürzte über unserem Lagergebäude ab..." (siehe auch S. 90)

NICHTS SOLLTE ZURÜCKBLEIBEN

Hellmuth Heyligenstädt, Leiter der feinmechanischen Versuchs- und Entwicklungsstätten:

„Am 2. Mai 1945 wurde die E-Stelle Tarnewitz mit dem Frachter ‚Tatti' auf dem Seeweg nach Eckernförde evakuiert.

Das Schiff legte um 24 Uhr von Tarnewitz ab. Bis dahin musste jeder für sich entscheiden, ob er mitfahren wollte oder nicht. Denn für das uniformierte Ingenieurkorps und die Belegschaft sowie deren Familien gab es keinen Evakuierungs-Befehl. Mitgenommen wurden wichtige Maschinenteile und Akten, es sollte möglichst nichts in der E-Stelle zurückblei-

ben. Außerdem kamen auch russische Kriegsgefangene, die in Tarnewitz als Hilfskräfte arbeiteten, mit aufs Schiff. In Eckernförde bekamen sie erst mal Zivilkleidung, um keinen Repressalien ausgesetzt zu sein. Für die Unterkunft standen Baracken zur Verfügung."

Eine andere Geschichte – die Legende vom Tarnewitzer U-Boot – hingegen wurde durch Nachforschungen von **Mathias Jens** bestätigt.

DAS TARNEWITZER U-BOOT

Im Informationsheft (Nr. 1 / 99) des Grevesmühlener Heimatvereins schreibt er u. a.:

„Als ich die Geschichte vom Tarnewitzer U-Boot zum ersten Mal hörte, schenkte ich dem Gesagten wenig Glauben...

Exakt gesprochen war die Rede auch nicht von einem Unterwasserfahrzeug, sondern von einem dazugehörigen Bunker. Dieser sollte sich an der östlichen Flanke der Halbinsel in Richtung Wohlenberg befinden. Natürlich gab es keinen Bunker. Dann aber tauchten, im wahrsten Sinne des Wortes unvermittelt, interessante Fundstücke aus den Fluten der Ostsee auf. Die Tarnewitz umgebenden Gewässer bergen bekanntermaßen eine große Menge Hinterlassenschaften militärischen Ursprungs ...

Wie aber kamen nun die Teile eines U-Bootes in die Ostsee und wieso befanden sie sich unmittelbar vor der Halbinsel? Es gab zunächst keine wirklich plausible Erklärung... So ist es einem glücklichen Zufall zu verdanken, dass mir einige Monate später Bilder vorlagen, welche die U-Boot-Theorie zu bestätigen schienen. Zu sehen waren hochrangige Persönlichkeiten von der E-Stelle Tarnewitz bei der Begutachtung eines U-Bootes. Zweifelsfrei stammten die Bilder aus Tarnewitz, und zwar aus der Zeit um 1940/41... Das Boot war übersät mit Einschusslöchern, deren Be-

Ein deutsches U-Boot aus dem 1. Weltkrieg wurde als Beschussziel nach Tarnewitz gebracht, um die Treffsicherheit der Erprobungswaffen zu testen. Deutlich zu sehen: die vielen Einschusslöcher

Lieferte Stoff für viele Legenden: das Tarnewitzer U-Boot

gutachtung auch der Grund für die Anwesenheit der Ingenieure zu sein schien. Form, Größe und Platzierung der Beschädigungen ließen auf einen Beschuss mit Waffen schließen, die zu dieser Zeit auch in Flugzeugen Verwendung fanden. Schließlich war die Verbindung klar, das U-Boot diente der E-Stelle zur Erprobung neuartiger Waffen, deren zerstörerische Wirkung hier am besten getestet werden konnte.

Warum hierzu gerade ein U-Boot benutzt wurde, ging aus einem Aktenfragment hervor. Irgendwann war von der Luftwaffenführung gefordert worden, eine Waffe speziell gegen überwasserfahrende U-Boote zu entwickeln. Die Erprobung geschah in Tarnewitz am realen Objekt. Endet hier die Geschichte? Ein wichtiger Aspekt blieb bislang unberücksichtigt: Die äußere Form des U-Bootes auf den vorhandenen Bildern war sehr ungewöhnlich. Kein mir bekannter Typ konnte hier zugeordnet werden...

Über Umwege kam der Kontakt zu einem Zeitzeugen zustande, der exzellente Auskunft geben konnte: 1913/14 wurden auf der Germaniawerft in Kiel für die norwegische Marine U-Boote gebaut. Drei Boote konnten noch vor dem Beginn des Ersten Weltkrieges wie geplant ausgeliefert werden, weitere Einheiten verblieben bei der Kaiserlich Deutschen Marine.

Die drei norwegischen Boote mit den Bezeichnungen A2 bis A4 blieben bis in den Zweiten Weltkrieg hinein im Dienst. Anfang 1940 stellten sich die zu diesem Zeitpunkt dienstältesten U-Boote der Welt der deutschen Besetzung Norwegens kämpfend entgegen. Schließlich versenkten die norwegischen Besatzungen die Boote selbst. Das Marinekommando Kiel barg nach der Besetzung Norwegens zahlreiche ehemals schwimmende Einheiten. Unter diesen befand sich auch das U-Boot A2. Ohne jede Abrüstung kam das gehobene Wrack als Zielobjekt für Bordwaffen nach Tarnewitz. Erstaunt registrierte man hier die nahezu vollständige Ausrüstung, selbst die in den Torpedorohren befindlichen Torpedos waren funktionsfähig und scharf. Als schließlich die norwegische Fahne gefunden und am Turm des U-Bootes gehisst wurde, war Ärger vorprogrammiert. Die Gestapo mischte sich ein. Das endgültige Ende des A 2 war gekommen, nachdem das Boot durch den Beschuss der E-Stelle bei der Untiefe Lieps versank. Es wurde provisorisch geborgen und im Hafen vertäut. Noch Mitte 1944 befand sich A 2 an der Mole ...“

Neue U-Boot-Geschichten lieferte ein weiterer überraschender Fund. Taucher waren im Frühjahr 2008 bei einem Törn in 18 Meter Tiefe vor der Küste Boltenhagens auf ein U-Boot aus dem 2. Weltkrieg gestoßen. Es handelt sich aller Wahrscheinlichkeit nach um ein U-Boot vom Typ „Seehund“. Eine viel zu harmlose Bezeichnung für dieses 2-Mann-U-Boot, das zwei Torpedos mit sich führen konnte und als „Himmelfahrtskommando“ galt. Heil und gesund wieder aufzutauchen, war für diese Kleinstbesatzung fast aussichtslos.

Der neue Wrackfund (12 Meter lang und 2 Meter hoch) lässt ahnen, dass in der Ostsee sicher noch mehr U-Boote auf dem Meeresgrund liegen. Wann sie entdeckt werden, ist eine Frage der Zeit.

Geheimnisvolle Trümmerlandschaft

1945. Der Krieg war vorbei – aber erst jetzt verwandelte sich der Flugplatz in ein Trümmermeer. Und auch das Militär war wieder da. Nur Uniformen und Gesinnung hatten gewechselt.

Die Sowjetarmee, die nun in Tarnewitz einzog, hielt sich strikt an die Beschlüsse des Potsdamer Abkommens. Danach waren alle militärisch genutzten Einrichtungen vollständig zu vernichten.

So demontierten und sprengten russische Einheiten nach und nach alle noch vorhandenen Gebäude, Zufahrtsstraßen und sonstigen Einrichtungen. Übrig blieben nur Teile des nach der Sprengung unheimlich anmutenden Heizhauses.

Die Russen hielten sich noch zehn Jahre in Boltenhagen auf und wohnten u. a. in den Villen „Minerva" und „Triton". In der Villa „Krabbe" in der Strandpromenade residierte ihre erste Kommandantur – ihre letzte hatten sie 1955 im Kinderheim „Oranien". Damit war die russische Ära in Boltenhagen beendet.

SPERR- UND SPÄHGEBIET

Aber schon wartete neues Militär. Nach dem Weggang der Russen kam erst die Seepolizei der noch jungen DDR, dann die Grenzpolizei, schließlich die Grenzbrigade Küste. Der militärische Aufbau nahm immer sichtbarere Züge an. Dazu gehörte u. a. ein neues Stabsgebäude, die Aufnahme des Funkverkehrs und die Ankerung von Schiffen der Volksmarine im Hafen. Wach- und Beobachtungstürme prägten das neue Bild von Boltenhagen und Tarnewitz. Sie standen zum Beispiel bei Steinbeck und in Redewisch an der Steilküste. Der Flugplatz war wieder Sperr- und Spähgebiet.

Um das Geschehen auf der Ostsee ständig verfolgen zu können, stellte sich die Seepolizei einen festen Beobachtungspunkt, ein kleines Holzhaus, auf die Steilküste. Von dort aus konnte man mit Argusaugen die Ostsee überblicken. Boltenhagen, wie die gesamte Küste, entwickelte sich immer mehr zum Kontroll- und Wachgebiet, sehr zum Leidwesen der Einwohner und Badegäste.

Ende der Fünfziger-Jahre entstand in einem Wäldchen bei Redewisch-Ausbau eine Radarstation – mit Mannschaftsunterkünften, Wirtschaftsgebäuden sowie einer Bunkeranlage (heute muten die verwaisten Gebäude an wie ein Gespenster-Camp). Hier befand sich das Zentrum der „11. Technischen Beobachtungskompanie".

ÄRA GRENZBRIGADE KÜSTE

Als am 13. August 1961 die Mauer in Berlin gebaut wurde, hatte das natürlich auch auf die Küste Auswirkungen. Hier sollte ebenfalls eine Art Mauer entstehen, die die Seegrenze zum Westen abriegelte. Aber dafür brauchte man mehr – und vor allem geschultes – Personal. Tarnewitz

Anlegestelle für die Grenzboote Anfang der siebziger Jahre

Die frühere NVA-Kommandantur am Ende der Ostseeallee in Tarnewitz – auch Ende 2016 noch verwaist. Aufnahme von November 2011

war wieder, wie schon Mitte der dreißiger Jahre, Anlaufpunkt für neue Karrieren. Mit beträchtlichem finanziellen und materiellen Aufwand wuchsen Kasernenbauten und alles, was sonst noch dazu gehörte.

Neuer Hausherr der Halbinsel wurde nun die 6. Grenzbrigade Küste. Eine militärische Einheit der Volksmarine, zugehörig zur Nationalen Volksarmee (NVA), die die ganze Seeküste der DDR bewachte. Eine Grenzkompanie (80 bis 100 Mann) hatte einen Küsten-Abschnitt von ca. 40 Kilometern zu sichern. Dafür waren u. a. Minensuch- und Räumschiffe sowie Grenzboote auf der Ostsee unterwegs. Zur Unterstützung waren auch freiwillige Helfer der Grenztruppen (FHG) auf Fischkuttern und an Land im Einsatz. Im Tarnewitzer Hafen lagen seit dem 1. Mai 1976 sechs Grenzkutter der 4. Grenzbootsgruppe. Sie wurde in 6. Grenzbootsgruppe umbenannt; von 1979 an wurden die Grenzkutter (Typ SAS) außer Dienst gestellt und durch Grenzboote GB-23 (Projekt 1589) ersetzt.

Waren gegen Ende des II. Weltkrieges auf der Halbinsel etwa 1000 Leute beschäftigt gewesen, so lag jetzt die Personalstärke „nur“ bei 200 Mann. Auf dem Flugplatz herrschte wieder das Militär. Es gab eine Kaserne, Wirtschaftsgebäude, Nachrichtenzentralen mit Werkstätten. Auch ein Heizhaus, ein Kfz-Park, ein Tanklager und selbst ein Sportplatz fehlten nicht. Und wer noch solo war, zog ins Ledigenwohnheim. Liebstes Kind aller Stationierten aber war die MHO, Abkürzung für Militärhandelsorganisation, eine Art Mini-Supermarkt. Hier konnte man mitunter Waren ergattern, die es „draußen" nicht gab.

Selbst für begehrte Ostsee-Ferienplätze war gesorgt. Ganz in der Nähe des Strandes entstanden 16 Ferienhäuser für die „See-Grenzer" und ihre Familien.

Einst begehrt, dann verfallen: Ferienbungalows der NVA in Tarnewitz. 2005 wurden die letzten Reste beseitigt – Platz für neue Investoren…

Zeitzeuge Egbert Heilmann erinnert sich, dass sich ab 1976 im Objekt der Stab des Grenzbataillons 4, ein Pionierzug der 6. Grenzbrigade Küste, die 6. Grenzbootsgruppe (Hafen) und eine Kompanie Funktechnischer Dienst/Funkaufklärung Kommando Volksmarine befanden.

WEITAB VOM SCHUSS

Auf dem neuen, alten Flugplatz wurden Übungs- und Ausbildungsplätze eingerichtet. Allen voran ein Schießplatz, der von verschiedenen militärischen Einrichtungen genutzt wurde.

Neben Wehrpflichtigen, Reservisten und Studenten (sie mussten vor dem Studium eine vormilitärische Ausbildung absolvieren) übten auch „Kampfgruppen der Arbeiterklasse" (bewaffnete Schutzgruppen in Betrieben und Genossenschaften, 1953 gegründet) für den Ernstfall. Dafür hatten sie beste Bedingungen. Denn auf dem Flugplatz gab es diverse Ausbildungsplätze, z. B. einen Brandmittelplatz, auf dem Brandsituationen trainiert wurden. Oft benutzt wurden auch der Sprengmittelplatz, Pionierplatz und Handgranatenwurfstand. Zeitzeuge Egbert Heilmann:

> *„Seit Mitte der 80er Jahre wurde auch eine über 5 km lange ‚Psychologische Kampfbahn' durch und um die gesamte Halbinsel gebaut. Sie diente der Ausbildung unter möglichst realen Gefechtsbedingungen. Das Gelände war dafür geradezu ideal – mit den vorhandenen Ausbildungsstätten wie Brandmittelplatz, Sprengplatz, Schießplatz usw."*

Wer nach Tarnewitz kam, war im wahrsten Sinne des Wortes weitab vom Schuss. Und genau das war Absicht. Mit Vorliebe wurden übrigens zur See-Grenzsicherung Soldaten eingesetzt, die aus Thüringen oder Sachsen kamen. Der Grund: Sie waren technisch besonders gut ausge-

Vier der sechs stationierten Grenzkutter der NVA

Der Militärhafen Tarnewitz zu Beginn der 90er-Jahre, mit Original-Streckmetallzaun der Grenze gesichert

Blick aus einem Schießunterstand auf das ehemalige Rollfeld (Foto von 1993)

bildet. Der unerwartete Nebeneffekt: Mancher Grenzer blieb für immer – der Liebe wegen.

Doch ganz so romantisch gestaltete sich der normale Grenz-Alltag nicht. Abgesehen davon, dass sich die Fischer auf See ständig bei einem Kontrollpunkt an- und abmelden mussten – auch für die Badegäste gab es Einschränkungen.

Ohne Ausweis konnte man in Boltenhagen abends eigentlich nie bummeln gehen. So waren Ausweis-Kontrollen in Strand- und Steilküstennähe keine Seltenheit. Pech hatten Urlauber, die ohne Personalausweis unterwegs waren. Sie hatten mit intensiven Befragungen zu rechnen. Auch nächtliche Strandspaziergänge konnten einem die Urlaubslaune verderben. Meist leuchteten grelle Scheinwerfer den Strand nach „verdächtigen Personen" ab.

Schon wer abends mit einer Luftmatratze gesehen wurde, machte sich in höchstem Maße verdächtig. Er konnte ja ein potentieller „Republikflüchtling" sein. Boltenhagen – ein Seebad im Grenzdunst…

Munitionsbunker der NVA, 1993 aufgenommen

Trister Anblick: der ehemalige NVA-Fuhrpark, Aufnahme von 1994

Das Heizhaus aus NVA-Zeiten wurde abgerissen. Foto von August 1994

Erinnerungsfoto 1992 vor einem NVA-Beobachtungsstand

In der Wendezeit zurückgeblieben: Transparent der Grenzbrigade Küste.
Fiete Schulze, erst revolutionäres Vorbild, am Ende nur noch Pappkamerad

Wende in Deutschland – 9. November 1989. Nichts war mehr, wie es einmal war, alles änderte sich. So entstand im Oktober 1990 aus den einstigen DDR-Bezirken Rostock, Schwerin und Neubrandenburg das neue Bundesland Mecklenburg-Vorpommern.
Und die 6. Grenzbrigade Küste? Sie war, wie so vieles aus der alten DDR, plötzlich überflüssig…

Trotzdem löste sie sich nicht von heute auf morgen auf. Fast ein Jahr brauchte es noch, bis der Flugplatz Tarnewitz wieder „entmilitarisiert" war. Im Oktober 1990 war es dann so weit: Die „Grenzbrigade Küste" verließ offiziell den Flugplatz Tarnewitz.

Vorher wurde das Inventar aufgelöst. Die Akten kamen befehlsgemäß nach Rostock, Dokumente und Technik gingen an die entsprechenden Fachdienste.

Bei der „Militärischen Abwehr", dem Geheimdienst, sah das etwas anders aus. Ihre Geheimakten wurden tagelang im Heizhaus verbrannt. Waffen und Grenzboote wurden dann später ordnungsgemäß dem neuen „Hausherrn", der Bundeswehr, übergeben.

Gerüchte, wonach Waffen und Munition an zahlungskräftige Interessenten verhökert worden seien, sind indes nicht belegt. Nach Aussagen ehemaliger Angehöriger der 6. Grenzbrigade Küste wurde die Abwicklung streng überwacht, so dass keine Chance bestand, Waffen oder Munition aus dem Objekt zu schmuggeln.

Nach dem Auszug war der Flugplatz eine ganze Weile verwaist – und niemand wollte ihn. Vorübergehend setzte die Bundeswehr einen zivilen Wachdienst ins alte Wachhäuschen des einstmals „verbotenen Landes". Aber das nützte nicht viel. Denn Neugierige fanden schnell andere Wege, den Flugplatz, der nun kein militärisches Sperrgebiet mehr war, zu inspizieren. Nach einem Jahr sparte man den Wachdienst ein und schloss das Eingangstor ab. Zutritt hatten nur Fischer, Segelklub-Mitglieder und Bauhof-Arbeiter.

Doch die Sperre war für die Katz, da es inzwischen etliche Flugplatz-Schleichwege gab. Kurzum: Auch auf der Halbinsel Tarnewitz fiel die „letzte Mauer".

KINOSTARS UND HUBSCHRAUBER

Unmögliches wurde plötzlich möglich. Sogar Filmstars wie Joachim Król und Horst Krause rückten an, um auf der Halbinsel zu spielen. Erfolgsregisseur Detlev Buck drehte hier 1992 sein skurriles Roadmovie „Wir können auch anders" – mit qualmenden Autoreifen und Kalaschnikow.

1993 öffnete man das Tor für die Allgemeinheit– zwei Jahre lang. In dieser Zeit hatte Boltenhagen eine touristische Attraktion mehr. Urlauber und Einheimische machten ausgiebig davon Gebrauch. Man konnte den Flugplatz zu Fuß, per Rad oder mit dem Auto besuchen. Tarnewitz-Forscher Udo Jens erinnert sich: „Ich kam mit meiner Frau, meinem Sohn und meiner Tochter 1992 erstmals auf das nun zugängliche Ge-

1992: Ursula Jens mit ihren beiden Kindern im Niemandsland

Wartburg-Notlandung auf dem Rollfeld Tarnewitz? Nein, hier wird nur demonstriert, wo Hubschrauber landen sollten …

… denn zu den Plänen für die Nutzung der „entmilitarisierten" Halbinsel gehörte auch die Errichtung eines Hubschrauberlandeplatzes für eine zukünftige Seenotrettungs-Basis, aus der aber nichts wurde. Interessantes Detail: Von hier aus wurden die Geldtransporte zur Vorbereitung der Währungsunion am 1. Juli 1990 mit Einheiten der Grenzfliegerstaffel aus der Luft gesichert, erinnert sich Zeitzeuge Michael Steigmann

lände. Wir gingen in ein Niemandsland, weil wir nicht wussten, was uns dort erwarten würde. Wir hatten keine Ahnung, welche Geschichte hinter den Trümmerfeldern steckte, die wir entdeckten. Alles war voller Überraschungen…"

Die einst geheime Halbinsel war plötzlich eine Halbinsel für jedermann. Jeder Tag ein „Tag der offenen Tür". Das lockte natürlich nicht nur historisch Interessierte an. Es wurde in dieser Zeit wild gecampt, und etwa 1000 Techno-Freaks feierten hier ihre Jahrhundert-Party.

BOMBENFUNDE UND INVESTOREN

Im August 1995 fand das Treiben dann plötzlich ein Ende – die Schatten der Vergangenheit waren zurückgekehrt: In der Nähe des Schießplatzes wurde in einem Schacht eine 5-Zentner-Bombe (ohne Zünder) gefunden. Der Neu-Eigentümer, das Bundesvermögensamt, reagierte sofort und ließ das gesamte Areal sperren. Wieder hieß es: Betreten verboten! Lebensgefahr!

Von dem gefährlichen Erbe der Vergangenheit war immer wieder mal etwas aufgetaucht: am Strand, im Wald, unter Schotterhaufen. 1994 entdeckten Sporttaucher am Strandabschnitt nördlich des Hafenbeckens auf der Halbinsel im nur 1 Meter tiefen Wasser vier Granaten! Genauer: panzerbrechende Geschosse aus dem II. Weltkrieg. Sie wurden damals von Land oder aus Flugzeugen verschossen. Drei der tödlichen Geschosse waren vollständig erhalten! Da man annehmen musste, dass im Bereich der ehemaligen Einschießbahn noch mehr Munition lag, stellte das Bundesvermögensamt Warnschilder mit dem Hinweis auf: „Betreten auf eigene Gefahr". Gestört hat das die „Wildbader" kaum – für Munitionsexperten ein Horror!

Der Fund der 5-Zentner-Bombe 1995 brachte die Vergangenheit noch einmal schmerzlich nah. Die Bombe war, wie man herausfand, von der Wehrmacht zur geplanten Sprengung der Halbinsel in einem Kanalisationsschacht installiert worden. Die Halbinsel wurde wieder „verbotenes Land".

Paradies mit Gefahren: Im Naturschutzgebiet können immer noch Waffen liegen

Haufenweise Patronenhülsen – 1992 im Areal der ehemaligen Halle II entdeckt

1993 vom Munitionsbergungsdienst gefunden und in Containern gesichert: Wehrmachts-Maschinengewehre

Immer wieder hatte die Halbinsel Tarnewitz mit dem Ruf zu kämpfen, ein einziges Pulverfass zu sein. Munitionsfunde gaben dafür neue Nahrung. Denn irgendwo mussten die Waffen und Sprengstoffe der militärischen Vergangenheit ja geblieben sein...

Zumal, wie Augenzeugen sich erinnerten, die gebunkerten Waffen aus der E-Stellen-Zeit teilweise vergraben oder ins Meer versenkt worden waren.

Als 1995 die bereits erwähnte 5-Zentner-Bombe entdeckt wurde, war das Betreten der Halbinsel für alle verboten. Fischerkutter, die Helfer der DLRG (Deutsche Lebensrettungsgesellschaft), das Boltenhagener Bäderschiff und Wassersportler durften nicht mehr in den Hafen, geschweige denn Touristen.

Das brachte Probleme mit sich – und Zündstoff. Entwarnung gab es erst nach fast drei Wochen: Der Hafen, so die Experten, sei nicht „sprengmittelgefährdet", da man ihn in den 60er Jahren ausgebaggert habe. Fischer und Bäderschiff bekamen Sondergenehmigungen zum Betreten der Halbinsel Tarnewitz. Doch ein mulmiges Gefühl blieb.

GRANATEN IM ALTEN BUNKER

Auch das passierte: Mai 1996. Eine Story wie im „Tatort"-Krimi. Zwei 14-jährige Jungen spazierten mit gefundenen Handgranaten unbekümmert am Brooker Strand entlang. Sie waren unterwegs zu ihrem Versteck – einem zugewucherten Bunker im Steilküstenbereich. Dort hatten sie sechs weitere panzerbrechende Granaten gehortet. Durch glückliche Umstände flog die Geschichte auf. Der „Bunker", in Wirklichkeit eine ehemalige Messbasis für Flugbahnvermessungen der E-Stelle Tarnewitz, wurde von Sprengstoffexperten geräumt. Doch die Suche nach anderen Munitions-Verstecken ging weiter.

946 Hektar wurden mit Metalldetektoren systematisch durchkämmt. Da das hochsensible Gerät aber auch auf Bewehrungsteile im Beton reagierte, gab es kaum einen Quadratmeter, der nicht umgegraben wurde. Eine schwierige Situation, da ein Großteil der Fläche mit riesigen Stahlbetonplatten verschlossen war.

Ende 1998 galt der überplante Teil der Halbinsel dann endlich als munitionsfrei. Gefunden wurden, wie die „Ostseezeitung" vermeldete, u. a. sechs Tellerminen, 140 20-Millimeter-Granaten, 38 Handgranaten, außerdem Panzerfäuste und Maschinengewehre. Nur der nördliche Teil der Halbinsel wurde nicht beräumt – er ist Naturschutzgebiet. Ein Zaun hält ungebetene Besucher ab.

Keine Müllhalde, sondern E-Stellen Fundstücke, z.B. Erprobungsträger (r.) für R4M-Raketen

OZ 1998 Wismar unc

Sprengmeister Lothar Speer garantiert nach wochenlanger, intensiver Suche, daß die Halbinsel Tarnewitz jetzt munitionsfrei sein soll. Er und seine Kollegen wurden in dieser Zeit täglich fündig. OZ-Foto: A. E.

Granaten und Raketenteile in drei Monaten aufgespürt

Munitionsbergungsdienst beendet Beräumung der Halbinsel Tarnewitz

Von ANDREAS EBEL

Boltenhagen. Der überplante Teil der Halbinsel Tarnewitz ist munitionsfrei. 1223 Munitionskörper – darunter sechs Tellerminen, 140 200-Millimeter-Granaten und 38 Handgranaten – fanden die Sprengstoffexperten im Beräumungszeitraum 2. September bis Ende vergangener Woche.

Außerdem beförderten die Arbeiter Raketenteile, Panzerfäuste, Maschinengewehre und andere Waffen ans Tageslicht. „Jetzt können wir auf dem abgesuchten Areal Munitionsfreiheit garantieren", sagte der Sprengmeister des Munitionsbergungsdienstes beim Landesamt für Katastrophenschutz Lothar Speer.

Wann Sperrung und Bewachung des ehemaligen Militärareals aufgehoben werden, ist noch nicht entschieden. „Aufgrund der Kosten wollen wir die Bewachung möglichst bald beenden", hieß es gestern aus dem Bundesvermögensamt in Rostock, das das Areal im Auftrage des Bundesfinanzministeriums verwaltet. Liegt die offizielle Freigabe vor, wolle man mit der Gemeinde darüber sprechen.

Die vom Munitionsbergungsdienst beauftragte Privatfirma fand die Munitionsgegenstände verstreut über das gesamte Gelände – zum Teil unter Bauschutt begraben. 964 Hektar Fläche wurden systematisch abgesucht. Nicht beräumt ist der nördliche Teil des Eilands. Er steht unter Naturschutz.

Auf dem jetzt beräumten Bereich soll voraussichtlich Ende 1998 mit dem Bau der Marina Boltenhagen begonnen werden. 350 Bootsliegeplätze und 1000 Gästebetten in Hotels und Appartementhäusern sind hier geplant. „Einen großen Teil der Munition, die nicht mehr transportierfähig war, mußten wir vor Ort sprengen", so Speer. Aufgrund des Bewuchses gestaltete sich die Munitionsberäumung kompliziert. Zum Leidwesen vieler Naturfreunde mußte das Gehölz gerodet und geschreddert werden.

Mit Metalldetektoren wurde das Gelände Planquadrat für Planquadrat abgesucht werden. Da das hochempfindliche Gerät auch auf Bewehrungsteile im Beton oder Schrotteile reagiert, gibt es kaum einen Quadratmeter, der nicht mit Baggern umgegraben werden mußte. Lothar Speer: „Es mußte solange gesucht werden, bis das Stück Metall, egal ob Blechdose oder Granate, gefunden wurde." Die Arbeiten gestalteten sich schwierig, da ein großer Teil der Fläche mit Stahlbetonplatten großen Durchmessers versiegelt war. Große Berge zerstückelter Betonteile prägen jetzt das Bild auf dem Teil der Halbinsel. Sie wurden bewußt vor Ort gelassen, damit sie nach dem Zerkleinern für Baumaßnahmen wiederverwertet werden können.

Bericht in der regionalen Presse (Ostsee-Zeitung) über die Munitionsberäumung auf der Halbinsel

FÖRDERKREIS ALS SPURENSUCHER

Mancher Munitionsfund erzählt mehr als eine Geschichte. Deshalb kümmert sich der in Rostock ansässige Förderkreis Luft- und Raumfahrt auch um jedes Fundstück. Die georteten Teile werden dokumentiert und, wenn möglich, identifiziert. So wurden u. a. das Spornrad einer „Condor" Fw200 und eine Luftschraubennabe in einem zu untersuchenden Schrotthaufen entdeckt. Die Bedeutung solcher Funde ist immens, da derartige Originale heute kaum noch zu finden sind.
Aber wo ist Endstation für solche Fundstücke?
Manche wandern als Leihgaben durch Ausstellungen, andere sind im Archiv des Förderkreises deponiert. Doch einige Funde sind technisch so bedeutsam, dass Luftfahrt-Museen sie in ihren Bestand aufnehmen. Auch Waffenteile, die auf dem Gelände der ehemaligen E-Stelle gefunden wurden, gehören dazu. Zum Beispiel das Rohr des MK 103, eine 30-mm-Bordkanone, die in den Standard-Kampfflieger Ju 88 eingebaut war. In den vierziger Jahren gehörte die MK 103 mit neuartiger Mündungsbremse, in Tarnewitz erprobt, zu den Hoffnungen der Nazi-Luft-

Erst 2000 entdeckt: Scherbretter für Luftziele

Sichten 2000 die Militär-Funde (v. l.): Dr. Dietrich Kruse, damaliger Vorsitzender des Förderkreises „Luft- und Raumfahrt", Martin Conze, Landesamt für Denkmalpflege, Mathias Jens, Dr. Volker Koos, Mitglied des Förderkreises „Luft- und Raumfahrt"

waffe. Doch ein Flugunfall der Ju 88 ließ das Rohr in Vergessenheit geraten – bis der Munitionsbergungsdienst es wieder ans Licht förderte. Das stark verwitterte Rohr kam ins mecklenburgische Lübtheen und wurde dort von Experten wieder hergerichtet. Heute kann es in einer Ausstellung der militärischen Luftfahrt im Luftwaffen-Museum Berlin-Gatow betrachtet werden.

Das Gelände liegt übrigens auf dem ehemaligen Militärflugplatz Berlin-Gatow, der bereits 1934 für eine Akademie und eine Ausbildungsschule der deutschen Luftwaffe gebaut wurde. Lebensrettende Bedeutung bekam der Flugplatz 1948/49 als Teil der „Luftbrücke". Zum wichtigen Frachtflughafen umfunktioniert, sorgte er mit dafür, dass während der Berlin-Blockade (24. Juni 1948 bis 12. Mai 1949) die Stadt mit Lebensmitteln versorgt wurde.

SCHÄFERS GEHEIMNIS

Er war der umsichtige Chef des Optischen Labors in der E-Stelle Tarnewitz: Heinz Schäfer. Der versierte Techniker verwaltete eine militärtechnische Schatzkammer. Mit dem verlorenen Krieg, das wusste Schäfer, würden auch technische Höchstleistungen verloren sein. Das aber wollte er verhindern. Unter Lebensgefahr rettete er wertvolle technische Kleingeräte und Bilder der E-Stelle und brachte sie in Sicherheit. Wie er das gemacht hat – darüber verlor er nie (öffentlich) ein Wort. Wichtig war Schäfer, dass die Nachwelt erfuhr, was in Tarnewitz erforscht und erprobt wurde. Sein Sohn, Thorsten Schäfer, hat übrigens die Schätze seines Vaters weiter gehütet.

Profitiert hat davon u. a. das Luftfahrt-Museum Hannover-Laatzen. Zwei gerettete Schäfer-Stücke, das Einblickteil des Periskops V9 und das Gerät zum Justieren von starren Waffen, gehörten viele Jahre zum Fundus des Museums. Verblüffend, was schon damals, ohne Elektronik, möglich war. Historische Fundstücke, die nicht allein technische Leistungen bezeugen, sondern auch erinnern und mahnen.

Abmontierter binocularer Einblick des Periskops V9 mit den Umkehr-Prismen

Gerettet: Heinz Schäfer mit dem Einblickteil vom PV9 und dem Zielfernrohr (Gw ZF4) für das letzte Fallschirmjägergewehr, das bei Kriegsende in Tarnewitz noch erprobt wurde

Pflanzensprösslinge durchbrachen die Bitumenschicht des Flugplatzes

Passt das zusammen: Bomber und Biotope? Eigentlich nicht. Und doch hat sich im einstigen Militärgebiet die Natur auf wundersame Weise durchgesetzt. Dort, wo damals fast 150 Hektar Insel-Fläche mit Beton und Bitumen versiegelt waren, grünt und blüht es heute, wachsen Birken auf der alten Rollbahn.

„Luft" bekam der Boden erstmals 1945 durch die Sprengaktionen der russischen Armee. Das versiegelte Rollfeld wurde an vielen Stellen aufgerissen, und der darunter liegende Erdboden konnte endlich wieder atmen. Auch wenn das Schwemmland (Meeresboden) die ungünstigsten, weil nährstoffarmen Voraussetzungen für eine üppige Flora und Fauna bot, siedelten sich auf der Halbinsel immer mehr Pflanzen und Tiere an. Inzwischen bedecken nicht nur Birken, sondern auch Weidenarten große Teile der ehemaligen Startbahn. Pappeln haben sich auf der Halbinsel angesät, meist dort, wo früher Gebäude standen. Die Natur hatte sich im wahrsten Sinne des Wortes ihr Terrain zurückerobert. Allerdings musste sie mit dem Bau der Weißen Wiek Boltenhagen auch Federn lassen.

„Entwicklungshelfer" für überraschende Artenvielfalt auf der Halbinsel waren die ständigen Einwirkungen von Wind und Wasser, Sonne und Frost. Verblüffend: Auf engstem Raum lassen sich eine Menge Biotope finden. Tarnewitz – das ist auch eine Insel biologischer Extreme. So findet man an einigen Stellen Seesand mit unterschiedlichem Kalkgehalt. Ein paar Meter weiter kann man dann Humusschichten entdecken, die sich auf dem Bitumen gebildet haben.

Biologisch gesehen ist die Halbinsel Tarnewitz ein bisschen „multikulti". Man kann hier alles finden: von üppigem Sanddorn- und Weidengebüsch bis zu zartem Löwenzahn und bizarren Strand-Astern.
In einigen Ecken der Halbinsel kommt man sich vor wie in der Wüste – so trocken ist der Boden. Dann wieder trifft man auf kleine Teiche und Tümpel, sogar eine Art Hochmoor gibt es.

Auch das Wasser hat seinen Teil zur Artenvielfalt beigetragen. Durch die teilweise stark zerstörte Dammbefestigung gelangt immer wieder Seewasser auf die Nordwest-Spitze der Halbinsel. Bestes „Futter" für eine üppige Salzvegetation. Die ausgedehnten Salzwiesen am Weststrand sind ein besonderes Natur-Ereignis, das im Laufe von Jahrzehnten in aller Ruhe entstand.

ORCHIDEEN UND MEERKOHL

Wo einst Kriegsflugzeuge abhoben und getestet wurden, findet man heute sehr seltene Pflanzen. Offenbar ein Paradies für „Exoten".

Etliche von ihnen stehen auf der Roten Liste, die die vom Aussterben bedrohten Exemplare registriert. Dazu gehört u. a. auch der bizarre Meerkohl, der an der Nordspitze vorkommt und ein bisschen den Kohlrabiblättern ähnelt. Eine botanische Rarität, aber bei weitem nicht die einzige…

Wer hätte gedacht, dass auf der Halbinsel auch seltene Orchideen blühen? Sechs Arten haben Naturschützer bisher entdeckt, zum Beispiel den breitblättrigen Sitter. Als botanischer „Schatz" gilt das Vorkommen mehrerer Sumpf-Löwenzahnarten. Darunter auch *Taraxacum ancoriferum* – eine weltweit sehr seltene Art, die in der Mecklenburger Region erstmals nachgewiesen werden konnte.

Das gilt auch für das Tausendgüldenkraut oder das Wollgras. Beide Trockenheits-Experten sind auf dem Terrain des ehemaligen Schießplatzes zu finden. Zu Zeiten der NVA in den Sechziger-Jahren soll es dort öfter Brände gegeben haben. Der Grund war trockenes Gras, das sich dann und wann durch den Schießplatz-Betrieb entzündete, wodurch ein Teil des Schießplatzes völlig herunterbrannte. Diese Insel-Ecke war bis 1991 weitgehend gehölzfrei, bewaldet sich seitdem allerdings zunehmend.

Inselbewohner unter Naturschutz: der Meerkohl

Neben Trocken-Zonen hat die Halbinsel aber auch regelrechtes „Dschungel-Flair". Die relativ hohe Luftfeuchtigkeit ist nämlich für viele Flechten- und Moosarten der Himmel auf Erden. So kommen Arten wie *Cladonia phyllophora, Parmelia caperata* und *Peltigera horizontalis* hier häufig vor.

EIN INDER IN TARNEWITZ

Paradiesische Zustände – nicht nur die Pflanzen genießen sie. Auch für Tiere aus vieler Herren Länder war Tarnewitz eine Oase ungestörter Entwicklung. Neben allseits bekannten Tieren wie Rehen, Füchsen, Hasen und Wildschweinen haben sich mit den Jahren auch seltenere und kleinere Arten angesiedelt. Teich-, Laub- und Moorfrösche sowie verschiedene Eidechsen leben auf dem ehemaligen Rollfeld-Areal. Den Teichmolch zum Beispiel findet man in den Gewässern, die gleichzeitig auch Laichstellen für Kreuzkröte, Wechselkröte und Grasfrosch sind. Platz ist im kleinsten Teich, auch wenn er nur zeitweilig Wasser führt.

Sandregenpfeifer (hinten) und Flußregenpfeifer

Aber auch Großschmetterlingsarten wie Kupferglucke und Reitgras-Halmeule fühlen sich von den „komfortablen" Lebensbedingungen angezogen. Ein Fest fürs Auge.

Wer auch was fürs Ohr will, kann Vogel-Konzerte erleben, zum Beispiel vom Pirol, Buntspecht und Neuntöter. Eine besondere Attraktion aber ist ein Zuggast aus Indien: der Karmingimpel. Er kommt nur zur Brutzeit nach Tarnewitz.

Weil für den Bau der „Weißen Wiek Boltenhagen" viel Grün weichen musste, wurden etliche Ausgleichsmaßnahmen zum Schutz von Flora und Fauna nötig. Eine davon war die Sperrung eines 300 Meter langen Strandabschnittes in Tarnewitz im Herbst 2007, damit hier der Sandregenpfeifer nistet.

NATURSCHUTZ FÜR EIN PARADIES

1991 beantragte das Staatliche Amt für Umwelt und Natur Wismar *„...die einstweilige Sicherstellung der ‚Tarnewitzer Huk' als geplantes Naturschutzgebiet"*. Weiter hieß es in dem Antrag: *„Teilbereiche des geplan-*

ten NSG (südliche und östliche) könnten für die Allgemeinheit zugänglich gemacht werden, um das Naturerleben zu gewährleisten. Die sensiblen nordwestlichen Bereiche sollten als Totalreservat ausgewiesen werden."

Zwei Jahre später, am 21. Oktober 1993, wurde die Landesverordnung zur einstweiligen Sicherung des geplanten Naturschutzgebietes „Tarnewitzer Huk" erlassen. Darin heißt es im dürren Amtsdeutsch: *„Schutzzweck ist die Sicherung und Erhaltung einer etwa 50 Jahre alten sekundären Sukzessionsfläche auf einem aufgespülten ehemaligen Militärgelände unmittelbar an der Ostseeküste, die sich durch eine vielfältige Besiedelung mit gefährdeten und bedrohten Pflanzen- und Tierarten nährstoffarmer Bereiche auszeichnet sowie des daran anschließenden Strandabschnittes mit gefährdeten Pflanzengesellschaften der Spülsäume, Vordünen und Dünen."*

Jahrzehnte nach dem Untergang der E-Stelle Tarnewitz hat das Wort „Erprobungsstelle" einen neuen Sinn erhalten: Erprobt wird jetzt der verantwortungsvolle Umgang mit der Natur.

Fühlen sich auf der Halbinsel sauwohl: Schwarzkittel gibt's hier reichlich

Ausstellungsstücke der E-Stelle Tarnewitz im Boltenhagener Kurhaus

Sommer 2003. Im Ostseebad Boltenhagen erregt eine kleine Ausstellung großes Aufsehen. Im Kurhaus kann man auf Tafeln und in Vitrinen die Geschichte der Halbinsel Tarnewitz nachvollziehen. Erforscht hat sie eine Familie aus Wismar. Ohne Auftrag. Warum?

Rückblende. Sommer 1992. In Boltenhagen steht das Tor zur Halbinsel Tarnewitz seit kurzer Zeit offen. Die Armee hat das Gelände gerade verlassen. Wer jetzt auf die Halbinsel will, braucht keinen Passierschein mehr. Tarnewitz wird in diesen Sommer-Tagen zum historischen Abenteuer-Trip. Auch Familie Jens aus Wismar, die wie jedes Jahr in Boltenhagen campt, macht sich auf den Weg: Mutter, Vater, Sohn, Tochter.

AUSFLUG IN EINE „GEISTERSTADT"

„Als wir auf die Insel kamen", erinnert sich Sohn Mathias, *„wussten wir überhaupt nicht, was uns erwarten würde. Wir gingen ziellos durchs Gelände, das die Armee vierzehn Tage vorher verlassen hatte. Es war wie in einer Geisterstadt: leere Gebäude, verwaiste Plätze. Man sah auf dem Boden noch die Ölflecken von Hubschraubern, die vor kurzem dort gelandet waren. Es war ein unglaubliches Gefühl, sich plötzlich in einer militärischen Geheim-Zone frei zu bewegen. Wir platzten vor Neugier.*

Ich war damals 15 Jahre alt. Es gab für uns keinen besseren Abenteuerspielplatz als den Flugplatz Tarnewitz. So oft es ging, stromerten wir da herum. Wir fanden jede Menge Patronenhülsen, Gasmasken und leere Munitionskisten mit russischer Aufschrift. Wir waren völlig sorglos. Denn kein Mensch ahnte, auf welchem Pulverfass wir uns bewegten. Von einer E-Stelle wussten wir damals noch nichts. Von alten Boltenhagenern erfuhren wir, dass dieses Areal früher ein Flugplatz gewesen war. Nur – bei all den Sträuchern und Bäumen auf der Halbinsel sehr schwer vorstellbar. Nachforschungen über Literatur blieben vorerst erfolglos."

Pforten dicht: Der Eingang zum NVA-Objekt auf der Halbinsel. Das linke Gebäude am Anfang der Tarnewitzer Huk existierte auch 2016 noch als Ruine

Ein Jahr später, 1993, entdeckte Mathias Jens dann zufällig ein Buch mit Hinweisen auf die Erprobungsstelle Tarnewitz. Der Anfang einer unendlichen Geschichte.

Aus anfänglicher Neugier wurde Leidenschaft – und aus Leidenschaft wurde systematische Forschung. Die ersten konkreten Informationen und Zeitzeugen-Aussagen füllten einen Ordner. Das sprach sich herum. Diplom-Ingenieur Karl Kössler, ehemals Leiter des Luftfahrt-Bundesamtes, bot 1995 dem damals 18-Jährigen an, Mitautor am Band „Flugerprobungsstellen bis 1945“ (Band 27 der Buchreihe „Die deutsche Luftfahrt“, Bernard & Graefe Verlag) zu werden. Das Kapitel „Tarnewitz“ wurde ihm übertragen.

Der junge Mann enttäuschte seinen Förderer nicht, das Buch hatte Erfolg. Aber was ist so spannend an einem alten Flugplatz?

Vater Udo Jens, Sohn eines Heinkel-Flugzeugbaumeisters, selbst Dipl.-Ingenieur und jahrelang begeisteter Segelflieger, blickt zurück:

„Es war ja kein gewöhnlicher Flugplatz. Und als wir das erfuhren, wollten wir herausfinden, was es mit der Halbinsel auf sich hatte. Jedes Flugzeugteil, das wir fanden, wurde genauestens untersucht. Manchmal wühlten wir tagelang in alten Fotos, um endlich den Beweis für ein Fundstück zu finden. Es war und ist immer wieder ein Puzzle-Spiel. Aus vielen kleinen Teilchen ergibt sich dann das Ganze. So haben wir zum Beispiel anhand eines Fotos herausgefunden, dass das letzte Betonbauwerk im Süden der Halbinsel an der Steilküste der Wohlenberger Wiek kein vermuteter Bunkereingang, sondern schlicht und einfach eine Müllrampe war. Das Überraschende ist das Spannende. Jedes Fleckchen auf der Halbinsel könnte Geschichten erzählen. Man muss sie nur entdecken.

Das südlichste Betonbauwerk am Ende der Munitionsstraße in Richtung Wohlenberger Wiek – die Müllrampe – wurde nie vollendet. Aufnahme von 1942

Das ist nicht immer einfach gewesen. Auch meine Frau hat damals auf so manche gemütliche Stunde verzichtet und ist mit uns durch Unterholz und Ruinen gestolpert."

Einen finanzkräftigen Auftraggeber für das „Forschungsunternehmen Tarnewitz" hat es nie gegeben. Aber mit Hilfe vieler Zeitzeugen und Institutionen entstand in Wismar ein erstaunliches Privatarchiv – mit über 350 historischen Bildern, 18 prall gefüllten Ordnern, Dokumenten, Korrespondenzen und hochinteressantem Kartenmaterial.

Immer wieder melden sich Zeitzeugen, auch beim Boltenhagen Verlag. Ende 2007 z. B. konnten zahlreiche bislang unbekannte Dokumente aus privater Hand erworben werden.

Mathias Jens und Schwester Michaela 1992 vor einem Schleppkörper der NVA

Diplom-Ingenieur Udo Jens und seine Frau Ursula im Dezember 2005. Sie unterstützt seine nun schon über 25-jährigen militärhistorischen Forschungen

Einst Militärgebiet, heute Urlaubsareal: Weiße Wiek Boltenhagen

Wer heute die Halbinsel Tarnewitz betritt, hat es leicht. Der Rad- und Wanderweg geht von Boltenhagen aus nahtlos und schwungvoll in das einst geheimnisvolle Areal über. Kein Tor mehr, kein Wachhäuschen, keine Ausweiskontrollen.

Wo einst die tödliche Waffenschmiede lag, weht nun eine frische Urlaubsbrise. Jedenfalls auf einem Drittel der insgesamt 400 000 Quadratmeter. Hier lädt jetzt die „Weiße Wiek" ein. Eine Ferien-Halbinsel – seit 2008.

Einige Male wechselten zuvor Besitzer und Visionen einer künftigen Marina. 1997 zum Beispiel sollte sie Anziehungspunkt mit 350 Bootsliegeplätzen sein, etliche Appartements und ein Hotel mit 1000 Ferienbetten waren geplant. Doch daraus wurde nichts – aus welchen Gründen auch immer. Der Traum von einer Boltenhagener Marina wurde vorerst auf Eis gelegt. Das Tor zur Halbinsel blieb für die Öffentlichkeit weiter verschlossen.

Erst neun Jahre später, am 11. September 2006, fand der erste Spatenstich für die heutige Hotelanlage mit Marina statt. Im April 2008 wurde dann die „Weiße Wiek Boltenhagen" eröffnet – mit Hotels, Sport- und Spielstätten, und mit idyllischem Hafen.

Apropos Hafen: Boltenhagen hat gleich zwei: den Yachthafen und den daneben liegenden Fischereihafen. Er ist nach Meinung vieler Besucher der schönste Teil der Marina, kostete 1,1 Millionen Euro, gibt den einheimischen Fischern ein Zuhause und bietet den Touristen zu jeder Jahreszeit eine Attraktion.

Die restlichen etwa zwei Drittel der Halbinsel sind dicht bewachsenes Naturschutzgebiet, umgeben von einem hohen Zaun und Warnschildern: „Betreten verboten! Privatbesitz!" Üppige Flora und Fauna unter Verschluss. Ein Stück Insel-Geheimnis gibt es also noch. Wann es gelüftet wird? Wer weiß...

Blick aus der Luft: die Halbinsel Tarnewitz 2011 – mit der Weißen Wiek und dem angrenzenden Naturschutzgebiet

B.Nr.: 1029/38 geh.

Geheim.

Jahresbericht 1937/38

über

den Flug- und Schiessbetrieb bei der E-Stelle Tarnewitz.

1.8.37 bis 31.3.38.

Dieser Bericht umfasst:
14 Blatt Text
und 7 " Bilder.

5 Ausfertigungen
1. Ausfertigung

Zeising
Flug-u. Schiessleit...

Verteiler:
2 x LC 11
3 x Tz. (K,E,F)
5 x

...
Erprobungs-Leite...

Im Folgenden findet man Dokumente und Zeitzeugnisse, zum Teil erstmals veröffentlicht. Geheimdokumente, Lageberichte, Finanzierungsanträge, geheime Verschluss-Sachen, Bebauungspläne, Rechnungen, Soldbücher und persönliche Einblicke in den Arbeitsalltag auf der E-Stelle.

GEHEIMBERICHT ÜBER DEN FLUG- UND SCHIESSBETRIEB DER E-STELLE TARNEWITZ 1937/38 (im Wortlaut)

1.) Vorbemerkung

Der vorliegende Bericht soll einen Überblick über den praktischen Flug- und Schiessbetrieb geben, der bei der E-Stelle Tarnewitz während des ersten Jahres ihres Bestehens durchgeführt wurde.

Die E-Stelle selbst ist befehlsgemäss am 1.4.1937 angelaufen. Indessen waren die ersten 4 Monate mit allerersten Einrichtungsarbeiten soweit ausgefüllt, dass ein nennenswerter Betrieb nicht einsetzen konnte. Daher wird nachfolgend nur über die Zeit vom 1.8.37 – 31.3.38 berichtet.

Während dieser Monate konnten, wenn auch zunächst in geringem Umfange, wichtige Erfahrungen gesammelt werden, da alle Arten von Flug- und Schiessbetrieb bei allen Wetterlagen durchgeführt wurden. Lediglich Blindfluglandungen konnten noch nicht vorgenommen werden, weil die hierzu notwendigen Einrichtungen noch fehlten.

Wenn trotz des geringen Umfanges des Betriebes schon darüber berichtet wird, so hat dies seinen Grund in der Absicht, möglichst frühzeitig mit der Sammlung von statistischem und Erfahrungsmaterial zu beginnen, um eine Grundlage für Vergleiche in den folgenden Jahren zu schaffen.

Der nachfolgende Bericht ist bereits in 2 Hauptteile, den Bericht der Flugleitung und den der Versuchszentrale gegliedert, obwohl zur Zeit noch beide Funktionen in den Händen des Flugleiters vereinigt sind und erst später mit Zunahme des Betriebes und Einstellung weiteren

Personals getrennt werden sollen. Trotzdem erscheint diese getrennte Berichterstattung schon heute wichtig, um einerseits auch Außenstehenden die Eigenart des hiesigen Betriebes klar vor Augen zu führen, andererseits aber auch, um dem Bericht gleich diejenige äußere Form zu geben, die er voraussichtlich für spätere Jahre behalten kann.

Über den Stand technischer Versuche und einzelner Entwicklungs- oder Erprobungsaufgaben soll an dieser Stelle nicht berichtet werden. Hierzu dienen bereits die jeweiligen Abschluss- bzw. Vierteljahresberichte. Vielmehr ist der Sinn dieses Jahresberichtes, einen zahlenmässigen Überblick über den wirklich geleisteten praktischen Flug- und Schiessbetrieb zu geben.

2.) Bericht der Flugleitung

a) Flugbetrieb-Land.

Der Flugbetrieb der E-Stelle Tarnewitz zeigt in den ersten Monaten eine starke Beteiligung auswärtiger Maschinen; die Dienststelle ist nur durch die regelmässige Verbindung mit Travemünde im Reiseflug ständig vertreten. Mit dem Zunehmen eigener Flugzeuge wird gegen Ende des Jahres der Flugbetrieb fremder Flugzeuge schnell geringer... Nach kurzer Zeit erwies sich eine Sperrung des Platzes für den allgemeinen Flugbetrieb als notwendig; auch diese Maßnahme hatte ein Abflauen des fremden Flugbetriebes zur Folge. Mit dem Beginn des Jahres 38 ist eine geringe Steigerung des eigenen Erprobungsflugbetriebes zu vermerken, aber erst im Sommer 38 wird dieser eine wesentliche Steigerung erfahren können. Die sehr langsamen baulichen Fertigstellungen der Betriebsanlagen, die schwierigen Wohnungs- und Personalverhältnisse spielen hierbei eine wesentliche Rolle.

See-Flugbetrieb.

Der Seeflughafen konnte aus baulichen Gründen noch nicht in Betrieb genommen werden und wurde bis auf vereinzelte Landungen mit Ju 52 und W 34 (Wasser) noch nicht benutzt.

Nachtflugbetrieb.

Im letzten Teil der Berichtsmonate wurden des öfteren Dämmerungs- und Nachtflüge im Rahmen der Erprobungen durchgeführt, die trotz der noch fehlenden Platzrand- und Hindernisbefeuerung einwandfrei beendet wurden. Die Nachtlandungen wurden mit W 34 nach der bewährten Lichterreihe (Stallaternen) durchgeführt, mussten allerdings auf einzelne weniger gefährliche Landerichtungen beschränkt werden.

Blindflugbetrieb.

Blindflüge fanden wegen Fehlens der notwendigen FT-Anlagen noch nicht statt.

b) Versuchs- und Erprobungsflüge.
Eigene Erprobung.

Eigene Versuchs- und Erprobungsflüge fanden zu Beginn der Berichtsmonate nur in geringem Umfange statt. Der Betrieb konnte nur bedingt aufgenommen werden, da sich hierbei das Fehlen der Werftanlage und Personalschwierigkeiten (Bordmonteurmangel) noch stärker bemerkbar machte als im Reiseflugbetrieb... Die Durchführung der Lufterprobungen verlangt eine besonders genaue Prüfung und Wartung der Flugzeuge. Ausserdem sind Versuche und Erprobungen ungleich mehr als jeder andere Flugbetrieb von der Wetterlage abhängig. Mit der Besserung der Witterung und mit der Vermehrung des zuverlässigen Personals, das teils durch die E-Stelle Travemünde, teils durch eigene Kräfte angelernt und ausgebildet werden musste, konnte die Flugerprobung allmählich gesteigert werden, sodass Ende März 38 der Erprobungsbetrieb bereits den höchsten Stundenanteil des gesamten Flugbetriebes einnimmt.

Fremde Erprobungen.

...Der Erprobungsbetrieb der Firma Rheinmetall-Borsig erstreckte sich auf die Entwicklung des MG 131 in verschiedenen Einbauarten (Motor, Flügel- und Bugeinbau).

Die Versuche wurden während des ganzen Winters fortgesetzt und stellten periodisch einen starken Anteil an dem Flugbetrieb. Kurze Versuche der Firma Mauser dienten nur als Vorbereitung zu den Vorführungen der Firmen Argus-Mauser und Rheinmetall-Borsig am 23. 3. 1938.

Zwei Abwurf-Versuche mit Segelflugmodellen aus He 111 wurden im August 37 bzw. März 38 von der Fa. Heinkel und der E-Stelle Rechlin durchgeführt; dabei wurde Tarnewitz auf Grund der freien Lage zur See als besonders geeigneter Versuchsplatz gewählt. Bei diesen Versuchen, die noch in den Anfängen sind, war eine völlige Einstellung des Flugbetriebs im Schießgebiete notwendig. Jedoch liess sich dieses mit dem noch geringen eigenen Erprobungsbetrieb gut vereinbaren und die Versuche konnten reibungslos durchgeführt werden.

In den letzten Märztagen wurde durch die E-Stelle Travemünde eine Bf 110 zu Schießversuchen in Tarnewitz stationiert, da die Arbeiten am Travemünder Flugplatz ein Fliegen dort fast unmöglich machte. Trotz schlechtesten Wetters (durchschnittlich 200 m Wolkenhöhe) konnten diese dringenden Lufterprobungen in 3 Tagen durchgeführt und abgeschlossen werden.

c) Platzerfahrungen.

Trotz des bisher nur geringen Flugbetriebes und der noch nicht abgeschlossenen Fertigstellung des Flugplatzes ist es heute schon möglich, ein vorläufiges Urteil über Lage und Platzverhältnisse abzugeben. Die Lage des Platzes ist vom fliegerischen Standpunkt aus als ideal zu bezeichnen. Für die Flugzeugführer bedeutet es eine grosse Beruhigung bei den häufigen Schiessflügen mit Landmaschinen über See, einen Flugplatz in unmittelbarer Nähe des Schiessgebietes zu haben. In der

Umgebung des Platzes befinden sich keine Hindernisse, die Start oder Landung irgendwie beeinflussen könnten. Bei der Grösse des Platzes sind auch Landungen über die Hallen hinweg ungefährlich, wenn der Führer mit den Grössenverhältnissen des Platzes genügend vertraut ist. Da dem Platz auf 3 Seiten jeder Hintergrund und damit alle Anhaltspunkte fehlen, so ist das Schätzen von Entfernungen erschwert; hierdurch erscheint neuen Flugzeugführern der Platz meist kleiner als er wirklich ist.

Nachtlandungen mit Landscheinwerfern erfordern eine gewisse Übung der Flugzeugführer, da das Licht durch die Farbe und Ebenheit des Platzes aufgesogen wird, sodass ein Schätzen der genauen Höhe erschwert ist. Nachtflüge sind, wie vorher bemerkt, auch heute schon trotz der fehlenden Platzbefeuerung durchführbar. Allerdings müssen dabei vorläufig noch Landungen von Land her nach Norden vermieden werden, weil die am Südrand errichteten Gebäude noch keine Hindernisbefeuerung besitzen. Indessen sind diese Landerichtungen verhältnismässig selten, sodass diese Einschränkung bisher nicht ins Gewicht fällt. Die bitumierte Decke des Rollfeldes hat sich im Allgemeinen als gut erwiesen. Sowohl im Sommer als auch im Winter war sie stets gleichmässig fest und trotzdem federnd. Von Nachteil ist dagegen die grosse Schmirgelwirkung des Rollfeldes, die eine unverhältnismässig hohe Abnutzung von festen Spornen verursacht. Durch die Anordnung geringster Rollgeschwindigkeiten konnte aber der Verschleiss der Spornplatten erheblich herabgedrückt werden.

Der Platz ist im Allgemeinen nicht so staubfrei, wie zuerst angenommen wurde. Bei stärkeren Luftbewegungen und auch beim Start der Flugzeuge wird verhältnismässig viel Staub aufgewirbelt, der infolge seiner Grobkörnigkeit und Schärfe nicht unbedenklich für im Freien verankerte Flugzeuge sein dürfte (Schmirgelwirkung). In dieser Hinsicht müssen jedoch erst weitere Erfahrungen gesammelt werden, bevor ein endgültiges Urteil gefällt werden kann.

Nach längerem Regen bilden sich grössere Lachen, die bei Landungen mit schnellen Flugzeugen durch Spritzwasser Beschädigungen an den Landeklappen verursachen können. Schon nach wenigen Stunden ist aber meistens der Platz so weit wieder abgetrocknet, dass der Flugbetrieb ungefährdet weitergeführt werden kann. Die Winterglätte verschlechterte die an sich geringe Bremswirkung des Rollfeldes nur unerheblich und nur 2 Tage ist der Platz wegen Schneewehen für kleinere Flugzeuge nicht anfliegbar gewesen. Die Übergangszeit von Frost- zu Tauwetter, die auf anderen Plätzen häufig zu längeren Sperrungen führt, trat hier überhaupt nicht nachteilig in Erscheinung.

Vorläufig zeigen sich bei der Platzbefestigung zur See immer noch Schwierigkeiten. Nachdem durch die Wintersturmflut am 9. – 10. 12. 1937 die Westseite des Dammes erheblich in Mitleidenschaft gezogen worden war, wurde der Deich gänzlich mit Betonplatten befestigt; auf der Platzinnenseite wurde ein Graben angelegt, der das überströmende Seewasser aufnehmen sollte. Die letzten Sturmtage haben jedoch erneut gezeigt, dass diese Anordnung keineswegs genügt, da die Betonplatten auf der Innenseite unterspült wurden. Von Seiten der Bauleitung werden nunmehr weitere Befestigungen geplant, die aller Voraussicht nach eine endgültige Sicherung des Platzes gewährleisten, die aber auch noch eine geraume Bauzeit erfordern werden, sodass für den Flug- und Schiessbetrieb auch noch weiterhin mit gewissen Einschränkungen gerechnet werden muss.

d) Witterungsbericht.

Auf Grund der Wetterbeobachtungen, die dreimal täglich von der Luftaufsicht durchgeführt und vorläufig nach Schätzungen vorgenommen wurden, ergibt sich während des Winters ein starker Unterschied in den Windrichtungen und im lokalen Witterungscharakter bei Windstille gegenüber der nur 24 km westlich gelegenen E-Stelle Travemünde. Die Hohenschönberger Höhen (92 m) im Westen von Tarnewitz scheinen tatsächlich eine gewisse Wetterscheide zu sein, die den lokalen Witterungscharakter beeinflusst. Ausserdem begünstigt die freie Lage zur See das Wetter des Platzes, sodass direkte q b i- Tage nur selten sind. Aus dem gleichen Grunde treten aber auch stärkere Winde auf und behindern häufig den Flugbetrieb der kleineren Flugzeuge (Kl 32, He 72) ...

3.) Bericht der Versuchszentrale.

a) Schiessanlagen.
Baulicher Zustand

Zu Beginn der Berichtsmonate waren nur die Schiess-Halle (VII) im Osten des Platzes und der Schiessturm an der Nordwestseite als einzige Schiessanlagen fertiggestellt. Die Einrichtung der Schiesshalle, insbesondere die Laboratoriumseinrichtungen, die Kälteanlage und die Aufbock- und Befestigungseinrichtungen befinden sich auch jetzt immer noch im weiteren Ausbau. Ausserdem hat sich eine optisch/akustische Signalanlage zwischen Beobachtungsturm und Schiesshalle zur Aufrechterhaltung der Sicherheitsmassnahmen als unbedingt erforderlich erwiesen.

Die weiteren Bauten auf der Feuerstellung Nordwest, wie Schlitzbettung und Bettungsplatte, sind Anfang März beendet worden und konnten zur Vorführung am 23. 3. 1938 erstmalig benutzt werden. Dagegen sind das zugehörige Gerätehaus und die dringend notwendigen Strassen zur Feuerstellung NW z. Zt. noch nicht fertiggestellt. Die Gewehrwerkstatt geht ihrer Vollendung entgegen und wird noch im Laufe dieses Sommers fertiggestellt werden, sodass dann der Elektro-Schiesstand und weitere Anschiesstände in Benutzung genommen werden können. Südlich der Halle II wird ausserdem der Bau von 2 Schiesständen von 100 bzw. 150 m zunächst für Zwecke der Fl. Horst-Kompanie geplant. Diese Stände sollen ausserdem zum Anschiessen von Gewehren und MG's und für Munitionsversuche benutzt werden.

Für die Durchführung von Standbeschüssen und die Aufnahme von

Trefferbildern wurden von der Schiesshalle (VII) in Entfernungen von 500 und 800 m 2 Scheibenbrücken mit Zuganlagen errichtet, die im Oktober fertiggestellt und übernommen wurden. Als festes Seeziel für Luftbeschüsse ist die Anlage von Scheibenbollwerken auf der Untiefe „Lieps" geplant. Ein Versuch hierzu mit einer Schute, die 300 m nördlich des Platzes im flachen Wasser auf Grund gesetzt wurde, hat jedoch bisher noch nicht zum Erfolg geführt. Wann mit der Fertigstellung des ersten Scheibenbollwerkes gerechnet werden kann, steht z. Zt. noch nicht fest.

Benutzung der Schiessanlagen.

In den Berichtsmonaten wurden Schiesshalle (VII) und Schiessturm bereits weitgehend ausgenutzt. Mit dem Anbruch der schlechteren Jahreszeit (Monate November-Dezember) die ungünstige Sichtverhältnisse mit sich brachte, machte sich allerdings bei den Schiessversuchen das Fehlen des geplanten Sperrgebietes recht störend bemerkbar. Daraus ergab sich zwar für die einzelnen Versuchsleiter eine hohe Verantwortung, jedoch ereignete sich dank disziplinierten Verhaltens in den Berichtsmonaten kein Unfall oder Schaden.

Der Schiessturm wurde bei den Dauerbeschüssen mit MG-FF und MG-131 stark benutzt, er hat sich hierbei im Hoch- und Tiefschuss einwandfrei bewährt. Eine vollständige Überdachung und Neubelegung des Fussbodens erwies sich als notwendig und wurde durchgeführt.

Bei Horizontal- und Tiefschuss ist die Einschlagkontrolle der Geschosse einwandfrei möglich, sodass eine Gefährdung des benachbarten Flugplatzes durch Querschläger vermieden werden kann. Der Geschosseinschlag beim Hochschuss konnte zuerst nicht einwandfrei festgestellt werden; auch besondere Versuche mit langer Leuchtspur, um den wirklichen Einschlag der Geschosse bei verschiedenen Erhöhungswinkeln festzustellen, hatten keinen Erfolg.

Wiederholte Funde von Geschossen auf dem Flugplatz bzw. 100 – 150 m westlich des Schiessturms bewiesen aber, dass mit grossen und überraschenden Windversetzungen zu rechnen ist; daher musste angeordnet werden, bei auflandigem Wind über 30 km Geschwindigkeit keine Hochschüsse über 60° durchzuführen.

Da die Versuche vom Schiessturm, der südlich des Schiessgebietes Travemünde liegt, häufig in das Travemünder Warngebiet hineinreichen, ergaben sich teilweise Schwierigkeiten mit Versuchs-Flugzeugen, besonders aber mit den Sicherungsbooten der E-Stelle Travemünde. Diese Schwierigkeiten konnten indessen durch geeignete Massnahmen von beiden Seiten bald behoben werden.

Die Einrichtungen in der Schiesshalle (VII) wurden von allen Fachgruppen häufig benutzt. Es fanden laufend statt: Anschiessen von Flugzeugen und Lafetten, ballistische Versuche und Messungen, Munitions- und Geschossprüfungen.

b) Schiessbetrieb.
Standschiessen.

In der Schiesshalle (VII) und vom Schiessturm aus wurden zahlreiche Standschiessen durchgeführt. Die grosse Bettungsplatte und die Schlitzbettung wurden bisher nur einmal (bei der Vorführung am 23. 3. 1938) benutzt. Eine Heranziehung auch dieser Anlagen wird im praktischen Betrieb erst dann möglich sein, wenn die seit Jahresende im Bau befindlichen Strassen und Wege dorthin fertiggestellt sind.

Aus Halle VII wurden Standschiessen aller Art vorgenommen:

Anschiessen und Einvisieren von Flugzeugen mit starrem MG, Vor- und Gasdruckmessungen, Einvisieren der Geräte für Querabschussvermessung, Geschoss- und Zündererprobung, Lafetten und Gewehrbeschüsse, Funktionsschiessen und Vermessungen von Rauchzylindern. Für das kommende Jahr ist eine stärkere Belegung der Halle VII durch Flugzeugschiessen zu erwarten, sodass dann ein grosser Teil der Gewehr- und Munitionsbeschüsse auf die Bettungsplatte in die Feuerstellung NW verlegt werden muss.

Luftschiessen.

Während des Berichtsjahres wurden insgesamt 225 Luftschiessen erledigt. Das Schaubild Nr. 7 gibt darüber Aufschluss, wieviele von diesen Schiessflügen von eigenen Flugzeugen und wieviele von fremden Gastflugzeugen in Tarnewitz durchgeführt wurden. Zur Erläuterung wird bemerkt, dass seit Oktober 1937 die Firma Rheinmetall-Borsig A.-G. mit 2-3 Flugzeugen ständig in Tarnewitz tätig war. Die sonstigen Schiessen fremder Flugzeuge beschränken sich auf kurze Versuche der E-Stelle Rechlin und Travemünde, sowie der Firmen Argus/Mauser und Heinkel, die infolge Fehlens eigener geeigneter Anlagen nach Tarnewitz verlegt werden mussten.

Der überwiegende Teil aller durchgeführten Luftschiessen waren reine Funktionsschiessen zur Erprobung von Gewehren, Lafetten, Einbauten oder Munition. Zielschiessen auf feste Ziele wurden bisher nur vereinzelt durchgeführt, da die gesamte Visiergruppe sich noch in Travemünde befindet.

Schiessen auf Luftziele wurden im eigenen Betrieb noch gar nicht vorgenommen, weil noch keine Scheibenschlepper vorhanden sind. Die Übernahme von Scheibenschleppern von der E-Stelle Travemünde ist zusammen mit der Übernahme der Scheibenentwicklung für Sommer 38 geplant.

Bei den Luftschiessen zeigten sich besonders deutlich die großen betrieblichen Vorteile, die die Gesamtanlage von Tarnewitz auch im jetzigen Ausbauzustand schon bietet. Flüge für reine Funktionsversuche können in kürzester Zeit erledigt werden, da das Sperrgebiet unmittelbar an den Flugplatz angrenzt. Auf diese Weise ersparen die schiessenden Flugzeuge zeitraubende An- und Abflüge und ausserdem können sie während der ganzen Dauer des Versuches mühelos im Auge behalten werden.

Andererseits zeigte sich an Tagen mit stärkerem Flug- und Schiessbetrieb bereits, wie notwendig im späteren Ausbau entsprechende Versuchs- und Betriebsvorschriften sein werden, die eine beste Ausnutzung der vorhandenen Anlagen bei Vermeidung gegenseitiger Behinderung oder gar Gefährdung sicherstellen. Von den eingesetzten Flugzeugführern und Schiessleitern wird strengste Einhaltung dieser im einzelnen noch auszuarbeitenden Vorschriften verlangt werden müssen.

c) Sonstige Versuche.

Die ballistische Gruppe konnte in den Berichtsmonaten mit ihren Arbeiten auf der Messbasis zur Ermittlung von Geschossbahnen beginnen. Es wurden im Laufe der Zeit alle 3 Messbasen benutzt und teilweise konnten auch schon gute Ergebnisse erzielt werden. Die Versuche fanden zunächst bei Nacht oder bei starker Dämmerung statt. Bald zeigte es sich aber, dass es notwendig ist, auch bei hellerem Licht noch zu fliegen, da bei Geschwindigkeiten von 300 – 400 km nachts in niedriger Höhe nicht mehr die notwendige Sicherheit vorhanden ist. Entsprechende Versuche führten auch hier nach einiger Zeit zu brauchbaren Ergebnissen.

Die Munitionsgruppe führte in den letzten Monaten Versuche durch, die eine besonders strenge Geheimhaltung erfordern. Da der eigene Betrieb immer noch verhältnismässig gering ist, war es bisher einwandfrei möglich, die notwendigen Vorsichtsmassregeln zu treffen und durchzuführen. Es ist damit aber noch nicht zu übersehen, wieweit derartige Versuche auch späterhin innerhalb des eigenen Betriebes geheim gehalten werden können. Zusätzliche Massnahmen werden aller Voraussicht nach noch erforderlich werden.

Im August 1937 und Anfang März 1938 fanden 2 Abwurfversuche mit Segelflugmodellen aus He 111 statt, die von der E-Stelle Rechlin in Tarnewitz durchgeführt wurden. Die Eigenart dieser Versuche bedingte eine gänzliche Ausschaltung des sonstigen Erprobungsbetriebes. Auch für die Durchführung derartiger Versuche erwiesen sich die Tarnewitzer Anlagen als geeignet.

Im Sommer 1937 wurden von der DVL Versuche vorgenommen zur Ermittlung des Rollwiderstandes auf dem bitumierten Rollfeld. Die Messungen konnten alle programmgemäss durchgeführt werden, jedoch ist über das Ergebnis der E-Stelle nichts bekannt geworden.

d) Vorführungen und Besichtigungen.

Im August 1937 wurde der Platz durch Marineoffiziere besichtigt, um sich über die baulichen Einrichtungen zu unterrichten. Bei dieser Gelegenheit wurde erstmalig der Seeflughafen benutzt. Trotz des ungeschulten Personals war eine einwandfreie Wahrnehmung der Flugzeuge (2 Ju 52) möglich.

Im Februar 1938 wurde die E-Stelle Tarnewitz erstmalig durch den Reichsstatthalter von Mecklenburg, Gauleiter Hildebrandt, besucht. Den Besuchern konnte im Rahmen der Erprobung ein Teil des Arbeitsgebietes der E-Stelle Tarnewitz praktisch vor Augen geführt werden.

Am 16. 2. 38 fand ein größerer Munitions-Vergleichsbeschuss mit Kal. 20 und 15 mm in Gegenwart des Herrn Amtschefs LC statt. Die Vorführung verlief in allen Teilen glatt und zeigte, dass die errichteten Anlagen sich auch für die Durchführung von Wirkungsschiessen auf Flugzeugteile vollauf bewähren.

Auf Veranlassung des C-Amtes fand am 23. 3. 1938 in Gegenwart des Generalinspekteurs, des Herrn Amtschefs LC, des Herrn Generals der Flieger beim Oberkommando des Heeres und Vertretern des Generalstabes eine große Vorführung aller z. Zt. in Entwicklung befindlichen neuen Schusswaffen statt. Die Geräte wurden zum grössten Teil durch die Firmen selbst vorgeführt und im Stand- und Luftschiessen gezeigt. Für diese Vorführungen mussten sämtliche zur Verfügung stehenden Schiessanlagen bei Halle VII und in der Feuerstellung NW herangezogen werden. Sämtliche Standschiessen sowie die anschliessenden Luftschiessen mit insgesamt 7 Flugzeugen konnten einwandfrei und in verhältnismässig kurzer Zeit erledigt werden. Auch hieraus konnten die

Vorteile der Gesamtanlage ersehen werden.

e) Absperrungs- und Sicherheitsmassnahmen.

Während des ganzen Berichtsjahres ist es trotz vieler Verhandlungen nicht gelungen, die Errichtung des seit langem geplanten Sperrgebietes zu verwirklichen. Erst gegen Schluss des Berichtsjahres haben nach fast einjähriger Dauer die Verhandlungen einen solchen Stand erreicht, dass mit der Fertigstellung des Sperrgebietes für den Sommer 1938 gerechnet werden kann.

Dieses Sperrgebiet wird die zeitliche Abwicklung von Stand- und Luftschiessen gegenüber dem jetzigen Zustand günstig beeinflussen. Bisher traten häufig Fälle ein, bei denen die Schiessen infolge schlechter Sicht abgesetzt oder eingestellt werden mussten, da mit der Wahrscheinlichkeit gerechnet werden musste, dass sich fremde Fahrzeuge in der Schusslinie befinden. Auch bei guter Sicht wurden Schiessversuche häufig dadurch gestört, dass zahlreiche Fischerboote oft stundenlang in der Schusslinie lagen. Da auch Absperr- oder Sicherheitsboote in den ersten Monaten überhaupt nicht zur Verfügung standen, so war hier nicht einmal die Möglichkeit gegeben, diese Fahrzeuge zu vertreiben.

Das völlige Fehlen von Sicherheitsbooten bedeutete anfangs auch ein grosses Risiko bei den ballistischen Vermessungen, bei denen Nachtflüge in niedriger Höhe über Wasser notwendig waren. Mit Rücksicht auf die Dringlichkeit der Aufgabe wurden die erforderlichen Flüge jedoch trotzdem durchgeführt und konnten glücklicherweise ohne Unfall beendet werden. Gegen Schluss des Berichtsjahres wurden dann vom LKK 6 die ersten Boote zugewiesen, sodass nunmehr ein geregelter Sicherheitsdienst mit Booten einsetzen konnte.

Die Errichtung des Sperrgebietes und die Vervollständigung der Bootsgruppe wird dazu beitragen, die Versuche in einem schnelleren Tempo und mit grösserer Sicherheit durchzuführen.

4.) Ausblick für 1938/39.

Über die Aussichten für die betriebliche Entwicklung im kommenden Jahre bleibt wenig zu sagen.

Unzweifelhaft wird der Flug- und Schiessbetrieb eine erhebliche Steigung erfahren und zwar umso stärker, je mehr von den z. Zt. noch fehlenden Betriebsanlagen fertiggestellt und in Benutzung genommen werden können.

Besondere Aufmerksamkeit wird dabei der eigentlichen Versuchseinteilung zu widmen sein, wenn eine reibungs- und gefahrenlose Abwicklung verschiedener, gleichzeitig laufender Versuche erreicht werden soll. Dies wird vor allem in Erscheinung treten, sobald mit Schiessversuchen auf Luftziele begonnen wird, da hierbei neben den Schuss- und Schlepprichtungen auch der Abwurf beschossener Scheiben jeweils festgelegt und mit den anderen Flug- und Schiessversuchen in Übereinstimmung gebracht werden muss.

Ferner ist die Aufnahme von Flugzeugschiessen bei Nacht zu erwarten und zwar sowohl vom Flugzeug auf Erdziele, als auch vom Flugzeug auf Luftziele. Die hierzu notwendigen Scheinwerferanlagen werden, aller Voraussicht nach, etwa im Herbst 1938 zur Verfügung stehen. Über alle diese sachlichen Voraussetzungen hinaus aber wird die Gewinnung und Heranbildung einer charakterlich und fachlich vorzüglichen Gefolgschaft massgebend sein für jede weitere gedeihliche Arbeit der gesamten Erprobungsstelle.

Anmerkung: Hervorhebungen wie im Original. Die damalige Rechtschreibung wurde nicht der heutigen angeglichen. Auf die Wiedergabe der zum Geheimbericht gehörenden technischen Tabellen und Diagramme wurde verzichtet.

BAUVORHABEN DER LUFTWAFFE IN BOLTENHAGEN

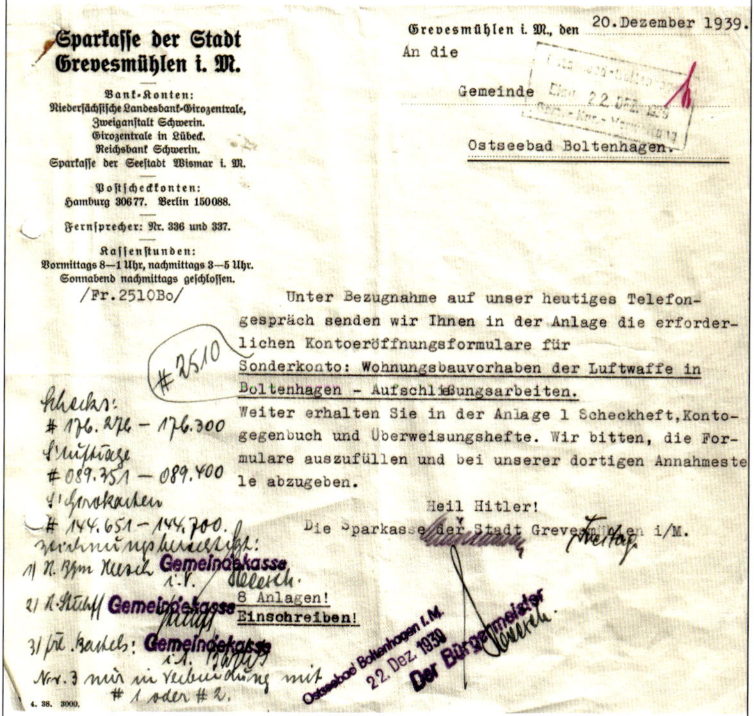

Sparkasse der Stadt Grevesmühlen i. M.

Bank-Konten:
Niedersächsische Landesbank-Girozentrale,
Zweiganstalt Schwerin.
Girozentrale in Lübeck.
Reichsbank Schwerin.
Sparkasse der Seestadt Wismar i. M.

Postscheckkonten:
Hamburg 30677. Berlin 150088.

Fernsprecher: Nr. 336 und 337.

Kassenstunden:
Vormittags 8—1 Uhr, nachmittags 3—5 Uhr.
Sonnabend nachmittags geschlossen.

/Fr.2510Bo/

Grevesmühlen i. M., den 20.Dezember 1939.

An die

Gemeinde

Ostseebad Boltenhagen.

Eing. 22.DEZ.1939

Unter Bezugnahme auf unser heutiges Telefongespräch senden wir Ihnen in der Anlage die erforderlichen Kontoeröffnungsformulare für
Sonderkonto: Wohnungsbauvorhaben der Luftwaffe in Boltenhagen - Aufschließungsarbeiten.
Weiter erhalten Sie in der Anlage 1 Scheckheft, Kontogegenbuch und Überweisungshefte. Wir bitten, die Formulare auszufüllen und bei unserer dortigen Annahmestelle abzugeben.

Heil Hitler!

Die Sparkasse der Stadt Grevesmühlen i/M.

8 Anlagen!
Einschreiben!

#2510

176.276 – 176.300
089.351 – 089.400
144.651 – 144.700.

Gemeindekasse
Gemeindekasse
Gemeindekasse

Nr. 3 nur in Verbindung mit # 1 oder # 2.

Ostseebad Boltenhagen i. M. 22. Dez. 1939 Der Bürgermeister

4. 38. 3000.

Kontoeröffnung für Sonderkonto der Luftwaffen-Bauvorhaben in Boltenhagen

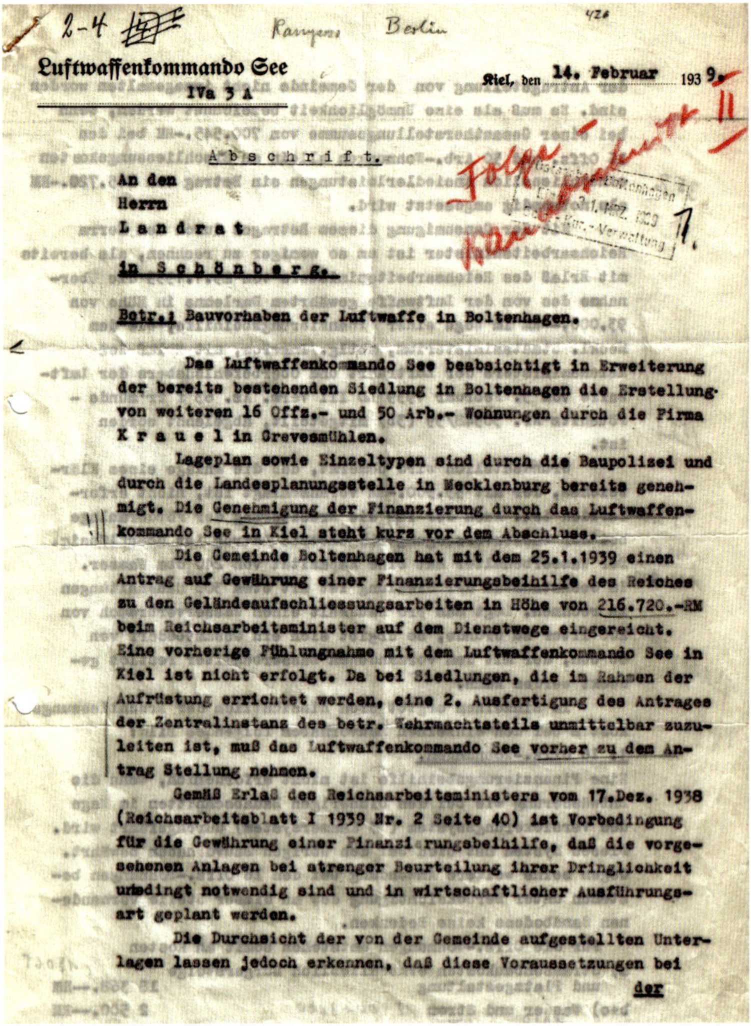

Luftwaffenkommando See
IVa 3 A

Kiel, den 14. Februar 1939.

A b s c h r i f t.

An den
Herrn
L a n d r a t
in S c h ö n b e r g.

Betr.: Bauvorhaben der Luftwaffe in Boltenhagen.

Das Luftwaffenkommando See beabsichtigt in Erweiterung der bereits bestehenden Siedlung in Boltenhagen die Erstellung von weiteren 16 Offz.- und 50 Arb.- Wohnungen durch die Firma K r a u e l in Grevesmühlen.

Lageplan sowie Einzeltypen sind durch die Baupolizei und durch die Landesplanungsstelle in Mecklenburg bereits genehmigt. Die Genehmigung der Finanzierung durch das Luftwaffenkommando See in Kiel steht kurz vor dem Abschluss.

Die Gemeinde Boltenhagen hat mit dem 25.1.1939 einen Antrag auf Gewährung einer Finanzierungsbeihilfe des Reiches zu den Geländeaufschliessungsarbeiten in Höhe von 216.720.-RM beim Reichsarbeitsminister auf dem Dienstwege eingereicht. Eine vorherige Fühlungnahme mit dem Luftwaffenkommando See in Kiel ist nicht erfolgt. Da bei Siedlungen, die im Rahmen der Aufrüstung errichtet werden, eine 2. Ausfertigung des Antrages der Zentralinstanz des betr. Wehrmachtteils unmittelbar zuzuleiten ist, muß das Luftwaffenkommando See vorher zu dem Antrag Stellung nehmen.

Gemäß Erlaß des Reichsarbeitsministers vom 17.Dez. 1938 (Reichsarbeitsblatt I 1939 Nr. 2 Seite 40) ist Vorbedingung für die Gewährung einer Finanzi rungsbeihilfe, daß die vorgesehenen Anlagen bei strenger Beurteilung ihrer Dringlichkeit unbedingt notwendig sind und in wirtschaftlicher Ausführungsart geplant werden.

Die Durchsicht der von der Gemeinde aufgestellten Unterlagen lassen jedoch erkennen, daß diese Voraussetzungen bei

der

Schreiben des Luftwaffenkommandos See an den Landrat in Schönberg

SCHREIBEN DES LUFTWAFFENKOMMANDOS SEE ZU BAUVORHABEN IN BOLTENHAGEN 1939

(Abschrift im Wortlaut)

Betr.: Bauvorhaben der Luftwaffe in Boltenhagen.

Das Luftwaffenkommando See beabsichtigt in Erweiterung der bereits bestehenden Siedlung in Boltenhagen die Erstellung von weiteren 16 Offz.- und 50 Arb.- Wohnungen durch die Firma K r a u e l in Grevesmühlen.

Lageplan sowie Einzeltypen sind durch die Baupolizei und die Landesplanungsstelle in Mecklenburg bereits genehmigt. Die Genehmigung der Finanzierung durch das Luftwaffenkommando See in Kiel steht kurz vor dem Abschluss.

Die Gemeinde Boltenhagen hat mit dem 25. 1. 1939 einen Antrag auf Gewährung einer Finanzierungsbeihilfe des Reiches zu den Geländeaufschliessungsarbeiten in Höhe von 216.720.- RM beim Reichsarbeitsminister auf dem Dienstwege eingereicht.

Eine vorherige Fühlungnahme mit dem Luftwaffenkommando See in Kiel ist nicht erfolgt. Da bei Siedlungen, die im Rahmen der Aufrüstung errichtet werden, eine 2. Ausfertigung des Antrages der Zentralinstanz des betr. Wehrmachtsteils unmittelbar zuzuleiten ist, muß das Luftwaffenkommando See vorher zu dem Antrag Stellung nehmen.

Gemäß Erlaß des Reichsarbeitsministers vom 17. Dez. 1938 (Reichsarbeitsblatt I 1939 Nr. 2 Seite 40) ist Vorbedingung für die Gewährung einer Finanzierungsbeihilfe, daß die vorgesehenen Anlagen bei strenger Beurteilung ihrer Dringlichkeit unbedingt notwendig sind und in wirtschaftlicher Ausführungsart geplant werden.

Die Durchsicht der von der Gemeinde aufgestellten Unterlagen lassen jedoch erkennen, daß diese Voraussetzungen bei der Antragstellung von der Gemeinde nicht innegehalten worden sind. Es muß als eine

Unmöglichkeit bezeichnet werden, wenn bei einer Gesamtherstellungssumme von 700.545.- RM bei den 16 Offz. und 50 Arb.-Wohnungen allein an Erschliessungskosten einschliesslich Ansiedlerleistungen ein Betrag von 245.720.- RM als notwendig angesetzt wird.

Mit der Genehmigung dieses Betrages durch den Herrn Reichsarbeitsminister ist um so weniger zu rechnen, als bereits mit Erlaß des Reichsarbeitsministers vom 23. 1. 1939 die Übernahme des von der Luftwaffe gewährten Darlehns in Höhe von 93.000.--RM im Wege einer Finanzierungsbeihilfe, wie dem Meckl. Staatsministerium, Abtlg. Inneres, mit Erlaß des Reichsministers der Luftfahrt und Oberbefehlshabers der Luftwaffe vom 3. Februar 1939 LD III Verw. Az. 63 f Tr'münde - Pötenitz Nr. 30948/39 (3b) mitgeteilt, abgelehnt worden ist.

Grundsätzlich wird bemerkt, daß die Anlage eines Klärteiches, der mit 53.500.- RM veranschlagt ist, nicht erforderlich ist. Auch der für die Erweiterung der Förderanlage bei der Wasserversorgung eingesetzte Betrag ist überflüssig. Der Wasserbehälter hat eine Kapazität von 240 cbm Wasser.

Im Gesamtausbau der Siedlung ist mit etwa 300 Haushaltungen zu rechnen. Legt man pro Haushalt einen Wasserverbrauch von 200 Liter zu Grunde, so ergibt sich ein Gesamtbedarf von 60 cbm, der mit dem vorhandenen Wasserbehälter restlos gedeckt werden kann.

Im Einzelnen ergibt sich hinsichtlich der Erschliessungskosten bei den einzelnen Bauvorhaben folgendes Bild:

1. 16 Offz.-Wohnungen.

Eine Finanzierungsbeihilfe ist nicht erforderlich, wenn die Entwässerung wie bei den bisherigen Bauabschnitten im Wege des Versickerungssystems (3 Kammersystem) durchgeführt wird. Dieses System hat sich bei den übrigen Bauvorhaben bewährt. Gegen seine weitere Anwendung bei den 16 Offz.-Wohnungen bestehen unter Berücksichtigung des an dieser Stelle vorhandenen Sandbodens keine Bedenken.

Für die Offz.-Wohnungen entstehen somit an Kosten

a) Strassenbaukosten einschließlich Bürgersteige und Platzgestaltung	18 368.-- RM
b+c) Wasser und Strom	2 500.-- RM
d) Entwässerung	3.000.-- RM
	zus. 23.868.-- RM

Dieser Betrag kann vom Bauträger im Rahmen der Finanzierung getragen werden, sodaß wegen der Offz.-Wohnungen eine Finanzierungsbeihilfe des Reichsarbeitsministers überhaupt nicht erforderlich ist.

2. 50 Arbeiterwohnungen.

Es ist anerkannten Rechts, daß Siedlungen, die mit Reichsdarlehen oder Reichsbürgschaften gefördert werden, als Kleinsiedlungen gelten. (Vergl. Kommentar Schmidt Bellinger: Seite 203 Abs. 2 in Bemerkung zu Ziff. 27, Ziff. 28 II der Bestimmungen über die Förderung der Kleinsiedlung vom 14. 9. 1937.)

Für Kleinsiedlungen gilt jedoch gemäß Nr. 8 Absatz 1 K.S.B. der Grundsatz, daß die Erstellung der Häuser im einfachsten Stil in ländlicher Bauweise zu erfolgen hat. Die von der Gemeinde Boltenhagen geforderte Anlage einer Kanalisation ist nicht vertretbar. Es genügt vielmehr bei Arb.-Wohnungen, wenn Trockenklosetts gebaut werden. Die Fäkalien sind zu kompostieren, um den Kleinsiedlern die Bewirtschaftung ihrer Ländereien zu ermöglichen. Die Regenwässer sind in Regentonnen aufzufangen. Die Ableitung der Spülwässer erfolgt durch Sickergruben. Es wird darauf hingewiesen, daß bei den bisher erstellten Arb.-Wohnungen in derselben Weise verfahren worden ist.

Auch die Kosten für den Strassenbau sind auf das unbedingte notwendige Maß zu beschränken. Insbesondere sind Asphaltstrassen, Pflasterstrassen, Betonstrassen in einer Kleinsiedlung völlig unnötig. Es genügen vielmehr einfach befestigte Strassen, als lehmgebundene Schotterstrassen, abgewälzt. Die Breite der Strasse darf höchstens 3,50 m bis 4.00 m betragen, dazu kommt ein Fussgängerweg von 1,50 m bis 2,50 m als einfacher Schlackenweg.

Wegen der Erfordernisse in dieser Hinsicht und im allgemeinen bei Kleinsiedlungen wird auf den Erlaß des Reichsarbeitsministers vom 7. 11. 1935 Seite 12 Nr. 3549/35 II sowie auf den Erlaß des Ministers für Volkswohlfahrt vom 30.Sept. 1931 betr. Erleichterung für die Ausführung von Bauvorhaben, sowie auf den Erlaß des Ministers für Wirtschaft und Arbeit vom 24. Februar 1933 betr. Vorstädtische Kleinsiedlung; Strassenbau (abgedruckt in Kommentar von Dr. Diekmann zum Fluchtliniengesetz und Wohnsiedlungsgesetz Auflage 1936 Seite 242/43) verwiesen.

Die vom Bürgermeister in Boltenhagen geforderte Ausführungsart der Straße ist unter Berücksichtigung dieser Grundsätze viel zu aufwendig. Dasselbe gilt für die Strassenbreite.

Mit Rücksicht darauf, daß die bereits schon vorhandene Straße in der Verlängerung der für die Arb.-Wohnungen benötigten Straße liegt, die bereits eine Breite von 4,50 m besitzt, erklärt sich das Luftwaffenkommando See ausnahmsweise mit dieser Breite einverstanden.

Während die Straßen bisher von dem Bauträger gebaut worden sind, hat der Bürgermeister angeordnet, daß der weitere Straßenbau von der Gemeinde selbst durchgeführt wird. Wie anlässlich einer Ortsbesichtigung festgestellt werden konnte, hat die Gemeinde sogar schon Kanalrohre heranschaffen lassen. Da der Gemeinde Mittel nicht zur Verfügung stehen, die Gemeinde vielmehr bei dem Luftwaffenkommando See einen Antrag auf Zahlung von weiteren 19.000.- RM über die von der Luftwaffe bereits als Darlehn gezahlten 93.000.- RM hinaus gestellt hat, ist klar, daß die Gemeinde nicht in der Lage ist, den Straßenbau selbst durchzuführen.

Es wird daher gebeten, die Gemeinde im Dienstaufsichtswege, ggfs. gemäß § 7 der Verordnung zur Behebung der dringensten Wohnungsnot vom 9. 12. 1919 anzuweisen, von ihrem Verlangen auf Kanalisation und Ausführung der Straßen in eigener Regie durch die Gemeinde Abstand zu nehmen und den Bau der Strasse in einfachster Ausführungsart durch den Bauträger durchführen zu lassen.

An Erschliessungskosten für die 50 Arbeiterwohnungen sind somit erforderlich:

a) Strassenbaukosten	21.000.- RM
b) Wasser und Strom	6.000.- RM
c) Bewässerung	5.000.- RM
	Zus. 32.000.- RM

Im Rahmen der Finanzierung für die Arb.-Wohnungen sind 2 ½ % der Gesamtherstellungskosten, d.h ein Betrag von 11.000.-- RM angesetzt worden.

Ein Antrag auf Finanzierungsbeihilfe ist daher nur in Höhe von 21.000.-- RM erforderlich.

Das Luftwaffenkommando See bittet daher, die Gemeinde Boltenhagen zu einer entsprechenden Änderung des Antrages auf Finanzierungsbeihilfe zu veranlassen.

Gleichzeitig wird gebeten, die Gemeinde zu ersuchen, von der Erhebung eines Betrages von 200.-- RM pro Wohnung an Ansiedlerleistungen Abstand zu nehmen, da wegen der Ansiedlerleistungen nach dem Inhalt des Erlasses des Reichsarbeitsministers vom 17. Dezember 1938 besondere Regelung beabsichtigt ist.

Die etwa für Gemeinschaftseinrichtungen erforderlichen Beträge müssen von der Gemeinde beim Reichsarbeitsminister beantragt werden. Das Mecklenburgische Staatsministerium in Schwerin sowie die Gemeinde Boltenhagen haben Abschrift dieses Schreibens erhalten.

Der Intendant beim Luftwaffenkommando See
Im Auftrage
gez. Dr. Seum.

Anmerkung: Hervorhebungen wie im Original. Die damalige Rechtschreibung wurde nicht der heutigen angeglichen.

WEITERE ZEITZEUGNISSE

Antragsteller: (Gemeinde)

Boltenhagen i.Mecklbg.

Ostseebad Boltenhagen

Betr.: **Gemeinschaftssiedlung:** Boltenhagen i.Meckl. 50 A.-, 22 U.-, 16 O.- Whgn.

Veranlasser der Siedlung:[1] Luftwaffenkommando See, Kiel

Betreuende Stelle (Verfahrensträger) der Siedlung: Baumeister Erich K r a u e l
Grevesmühlen, i.Meckl.

Antrag

auf Gewährung einer Finanzierungshilfe des Reiches zu den

Geländeaufschließungsarbeiten in Höhe von 188.330,- RM.

Anlagen: 1 Ortsplan,

2 Siedlungsplan[2]),

15 Bauzeichnungen[3]),

Massenberechnungen[3]),

6 Kostenanschläge[3]), .

1 Erläuterungsbericht

[1]) Name des Betriebs oder der Behörde, ferner ist kenntlich zu machen, ob es sich um ein Vorhaben des Vierjahresplanes **(VP.)** oder der Wehrmachtsteile **(H., L., KM.)** handelt.
[2]) Alle vorhandenen und geplanten Gebäude, Straßen, Entwässerungs- und Versorgungsleitungen sind im Plan einzutragen.
[3]) Die Anlagen sind für Straßenbau, Entwässerung und Versorgungsanlagen je besonders aufzustellen.

Muster 1510. Gemeinschaftssiedlung: Geländeaufschließungskosten
Verlagsgesellschaft Rudolf Müller, Eberswalde

Antrag auf Finanzierungshilfe von Boltenhagens Bürgermeister Heesch (Deckblatt)

I. Anzahl, Art und Kosten der geplanten Wohnstätten.

1	2	3	4		5		6	7	8
Anzahl	Art der Wohnstätten	Durchschnittl. Gesamtkosten*) (einschl. Grundstück) je Wohnungseinheit	Reichsdarlehen je Wohnungseinheit		Werkbeihilfe je Wohnungseinheit		Durchschnittl. Monatsbelastung (Miete)	Durchschnittl. monatl. Nettoeinkommen der Bezieher	Bemerkungen
			Betrag	Zinsfuß	Betrag	Tilg.-Satz			
		RM	RM	v. H.	RM	v. H.	RM	RM	
	Kleinsiedlerstellen								
	Sonstige Eigenheime ..								
	Volkswohnungen								
	Sonstige Mietwohnungen								
5o	Arbeiter-Whgn.	924o	7854	1/2			28,3o		
22	Unteroffiziers-	9486	6545	1/2			37,3o		
16	Offiziers-Whgn.	195oo	14625	1/2			79,3o		

II. Aufschließungskosten.

	innerhalb der Siedlung	außerhalb der Siedlung	insgesamt
	RM	RM	RM
a) Straßenbau	58.130,-		
b) Wasserleitung	55.690,-		
c) Stromversorgung	30.360,-		
d) Gasleitung			
e) Entwässerung	44.150,-		
3% Anliegerbeitr. 50 A.-,	16.500,-		
4% " 22 U.-,	10.600,-		
5% " 16 O.-Whgn.	17.000,-	Gesamtkosten:	232.430,- RM
		Kosten je Wohnstätte:	2641,- RM

*) Bei III 1 angegebene Beträge (Anliegerkosten) sind einzurechnen

Antrag auf Finanzierungshilfe – linke Innenseite

III. Finanzierung:

1. Auf die Wohneinheiten entfallende Beiträge – Anliegerbeiträge – (Abs. 9 des Runderlasses IVc 5/8101/248):

a) .... Kleinsiedlerstellen . . . . je .... RM., zus. .... RM.

b) .... sonstige Eigenheime . . je .... RM., zus. .... RM.

c) .... Volkswohnungen . . . . je .... RM., zus. .... RM.

d) .... sonstige Mietwohnungen je .... RM., zus. .... RM.

Im Finanzierungsplan berücksichtigte .... RM.

Aufschliessungskosten .... RM.

zus. 44.100,- RM.

2. Beteiligung der Versorgungsbetriebe (Wasser-, Elektrizitäts-, Gaswerke) . . . . RM.

3. „ des Werkes . . . . RM.

4. „ der Gemeinde . . . . RM.

5. „ des Gemeindeverbandes . . . . RM.

6. „ öffentl.-rechtl. Körperschaften*) . . . . RM.

7. „ des Landes . . . . RM.

Beiträge der beteiligten Stellen (1–7) . . 44.100,- RM.

Aufschließungskosten (Gesamtkosten II.) . . 232.430,- RM.

Es bleiben ungedeckt . . . . 188.330,- RM.

(Betrag der erbetenen Finanzierungshilfe des Reichs)

Unterschrift des Verfahrensträgers: Unterschrift des Antragstellers: (Gemeinde)

Grevesmühlen, den .... Boltenhagen, den 10. Mai 1939

Gemeinde Ostseebad Boltenhagen Kreis Schönberg (Meckl.)

Der Bürgermeister

[Unterschrift]

Geprüft: (Landesbehörde) Festgestellt:

........, den ...., den ....

*) Feuerlöschverbände, Brandversicherungsinstitute usw.

Antrag auf Finanzierungshilfe – rechte Innenseite

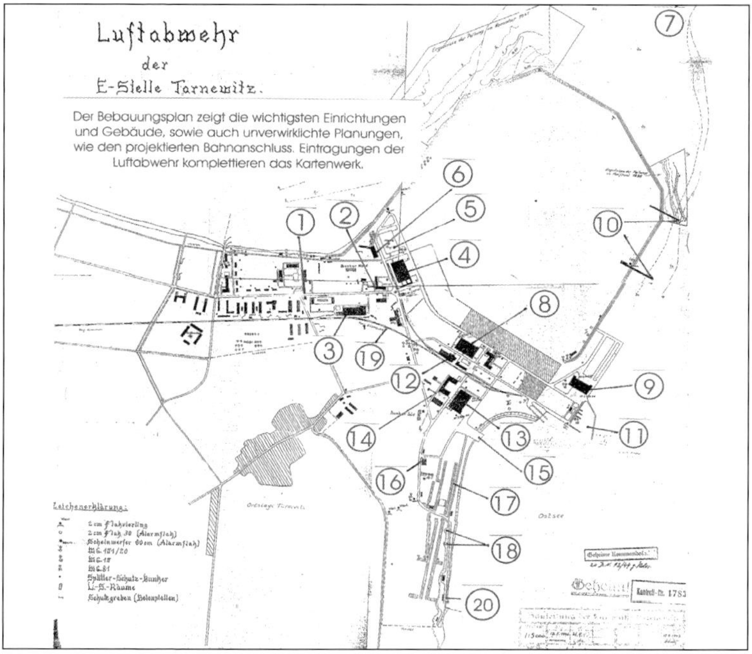

1	Wache	11	Hafenanlage
2	Kasino	12	Heizhaus
3	Lagerhalle	13	Halle II (Seehalle)
4	Halle V	14	Werkstattbereich
5	Halle VI (Projekt)	15	Slipanlage
6	Waffenwerkstatt	16	Raketentestzentrum mit Labor
7	Bombenbetonrampe	17	Schießstände
8	Halle I	18	Munitions-Bunker
9	Halle VII (Schießhalle)	19	geplante Bahnanbindung
10	Schießpylone	20	Müllrampe

Bebauung der Halbinsel: 1943/44

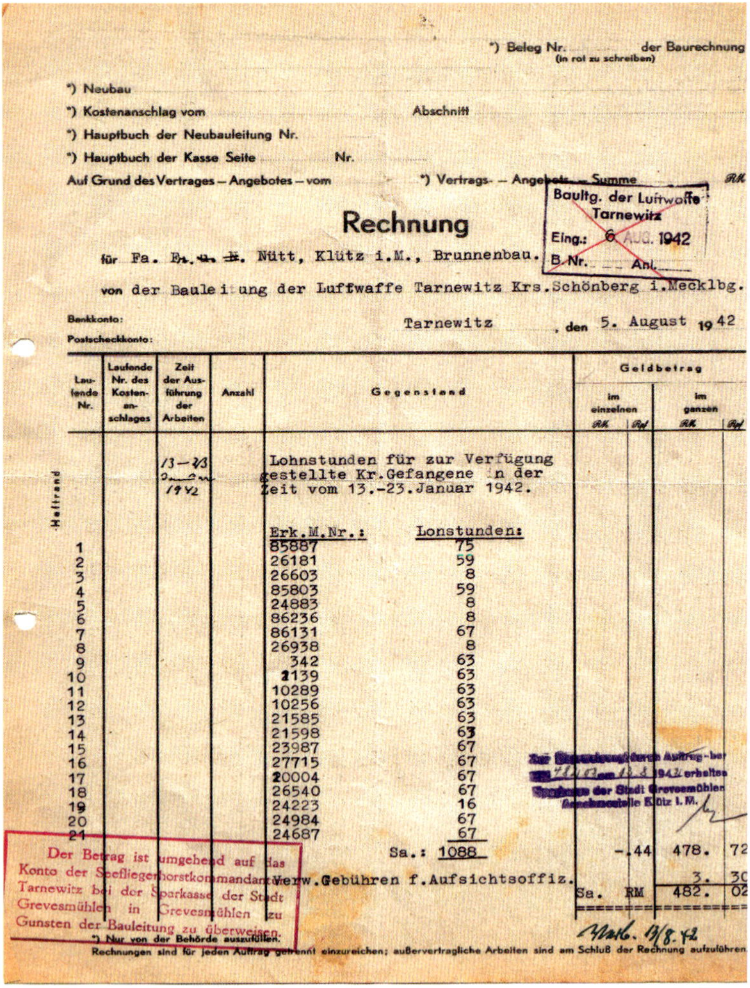

*) Beleg Nr. .... der Baurechnung
(in rot zu schreiben)

*) Neubau
*) Kostenanschlag vom .... Abschnitt
*) Hauptbuch der Neubauleitung Nr.
*) Hauptbuch der Kasse Seite .... Nr.
Auf Grund des Vertrages – Angebotes – vom .... *) Vertrags- – Angebots- – Summe .... RM

Baultg. der Luftwaffe Tarnewitz
Eing.: 6. AUG. 1942
B. Nr. ... Anl. ...

Rechnung

für Fa. ~~Er. u. H.~~ Nütt, Klütz i.M., Brunnenbau.

von der Bauleitung der Luftwaffe Tarnewitz Krs. Schönberg i. Mecklbg.

Bankkonto:
Postscheckkonto:

Tarnewitz, den 5. August 1942

Laufende Nr.	Laufende Nr. des Kostenanschlages	Zeit der Ausführung der Arbeiten	Anzahl	Gegenstand	Geldbetrag im einzelnen RM	Rpf	Geldbetrag im ganzen RM	Rpf
		13–23 Jan. 1942		Lohnstunden für zur Verfügung gestellte Kr. Gefangene in der Zeit vom 13.–23. Januar 1942.				
				Erk.M.Nr.: – Lonstunden:				
1				85887 – 75				
2				26181 – 59				
3				26603 – 8				
4				85803 – 59				
5				24883 – 8				
6				86236 – 8				
7				86131 – 67				
8				26938 – 8				
9				342 – 63				
10				2139 – 63				
11				10289 – 63				
12				10256 – 63				
13				21585 – 63				
14				21598 – 63				
15				23987 – 67				
16				27715 – 67				
17				20004 – 67				
18				26540 – 67				
19				24223 – 16				
20				24984 – 67				
21				24687 – 67				
				Sa.: 1088	–	44	478.	72
				Verw. Gebühren f. Aufsichtsoffiz.			3.	30
					Sa.	RM	482.	02

Der Betrag ist umgehend auf das Konto der Seefliegerhorstkommandantur Tarnewitz bei der Sparkasse der Stadt Grevesmühlen in Grevesmühlen zu Gunsten der Bauleitung zu überweisen.

... Auftrag – bei ... 1942 erhalten ... der Stadt Grevesmühlen ... Klütz i. M.

Wolk. 13/8.42

*) Nur von der Behörde auszufüllen.
Rechnungen sind für jeden Auftrag getrennt einzureichen; außervertragliche Arbeiten sind am Schluß der Rechnung aufzuführen.

Heftrand

Lohnstunden-Rechnung für Kriegsgefangene, Januar 1942. Die Fa. Nütt hatte an die Seefliegerhorst-Kommandantur Tarnewitz 482,02 RM zu zahlen

Gendarmeriekreis Schönberg. Schönberg, den 6. Dezember 1941.
(Absendende Stelle) (Ort und Datum)

Unfallanzeige Nr.

1. Zeitpunkt des Unfalls (Tag und Stunde): 5.12.1941 16,30-45 Uhr
2. Genaue Bezeichnung der Unfallstelle: Feldmark Barendorf b/Gressow, Kreis Schönberg
3. Witterung. sehr schlecht, Regen, Nebel
4. Angabe, ob das Flugzeug im planmäßigen oder Sonderluftverkehr oder im Platzflug flog, gegebenenfalls auf welcher Luftverkehrsstrecke: Militärflugzeug auf dem Fluge Prag-Tarnewitz
5. Des Flugzeugführers:
   a) Zu- und Vorname: Dipl. Ing. Walter Friedrich
   Geburtsdatum: 21. 11. 06 Drubau
   b) Nummer der Zulassung: ?
6. Des Flugzeuges:
   a) Muster: He 111 Werknummer: –
   b) Motor: –
   c) Nummer der Zulassung oder Art und Nummer der Fluggenehmigung:
   d) Eigentümer: Luftwaffe
   e) Halter: –
7. Vermutliche Ursache des Unfalls (Eintragung nur, falls Unterlagen vorhanden; Aussage des Flugzeugführers, Augenzeugen usw.):
   a) Bedienungsfehler: –
   b) Konstruktionsfehler: –
   c) Motorstörung: –
   d) Witterungseinflüsse: Bodenberührung infolge schlechter Sicht
   e) Andere Ursachen:
8. Personenschäden:
   a) Fluggäste: an Bord waren: –, davon sind verletzt: –, getötet:
   b) Besatzungsmitglieder: an Bord waren: 5, davon sind verletzt: 1 schwer 1 leicht, getötet: 3
   c) Andere Personen sind verletzt: nein, getötet:
9. Sachschäden:
   a) Flugzeug zerstört: Flugzeug zerstört
   b) Flugzeug teilweise beschädigt:
   c) Art der Beschädigung:
10. Namen und Anschriften von Zeugen: Bauer Reinholf Brennecke, Barendorf b/Gressow, Kreis Schönberg,
11. Besondere Bemerkungen: (Beschreibung des Unfalls und der Unfallstelle.) Fliegerhorst Tarnewitz ist sofort benachrichtigt. Die Verletzten sind in das Luftwaffenlazarett Wismar verbracht. Die vorstehende Meldung ist von dem an der Unfallstelle anwesenden Meister der Gendarmerie Daniels telefonisch am 6. 12. 1941 8 Uhr übermittelt.

(Unterschrift, u. Dienststellung)
Bez. Leutnant der Gendarmerie

Unfallanzeige vom 6. Dezember 1941: „Bodenberührung infolge schlechter Sicht“: 3 Tote, 1 Schwer-, 1 Leichtverletzter

Geheim

6

Vorschlag einer neuartigen Bewaffnungs- und Kampfmethode

Es wird vorgeschlagen zur Bewaffnungsverstärkung von Aufklärern und mittleren Bombern statt der zusätzlichen beweglichen Waffen mehrere starr nach hinten schießende Waffen (z.B. 3 MG 151) die durch den Flugzeugführer über ein Rückblickperiskop gerichtet und betätigt werden, einzubauen.

Die Gründe dafür sind folgende:

1. Das Richten eines Bombers über ein Rückblickperiskop nach einem von hinten angreifenden Jäger ist den Flugzeugführern mit großer Richtgenauigkeit möglich; es können praktisch alle rückwärtigen Angriffe abgewehrt werden. Das ganze Flugzeug ist dabei als Lafette mit etwa 15°/sec maximaler Richtgeschwindigkeit anzusehen.

   Die bisherigen Versuche mit einem Rückblickperiskop (Gesichtsfeld 22°), eingebaut in W 34, ergaben schon erstaunlich gute Richt- und Auffindmöglichkeit bei angreifendem Jäger. Zu verwirklichen ist aber ein Periskop mit etwa 70° Gesichtsfeld, das noch wesentlich bessere Ergebnisse liefern wird.

2. Beinahe alle Jägerangriffe erfolgen in einem ziemlich spitzen Kegel von hinten (Hundekurvenangriffe). Zumindest wird der Angriffswinkel sehr klein, wenn kurze und damit gefährliche Kampfentfernungen erreicht werden. Von der Schwenkmöglichkeit beweglicher Waffen kommt also meistens nur ein kleiner Sektor nach hinten zur Anwendung. Solche Angriffe können nur durch eine <u>überlegene Abwehrbewaffnung</u> nach hinten verhindert werden. Diese ist durch bewegliche Waffen kaum zu erreichen. Die heutige Schwäche der Bomber bei der Abwehr der gefährlichen rückwärtigen Angriffe muß zu ihrer Stärke werden.

155

- 2

Vorschlag einer neuartigen Bewaffnungs- und Kampfmethode

Erprobungsstelle der Luftwaffe
Tarnewitz

B. Nr. 4908/44 IbSt 2

Bei Antwortschreiben obige B. Nr. angeben.

Tarnewitz, den 18. April 1944
Kreis Schönberg (Meckl.)
Fernruf: Klütz i. Meckl. Nr. 188
Güterbahnhof: Klütz i. Meckl.

An das
Kommando der Erprobungsstellen
Rechlin (Müritz).

Dem Herrn Kommandeur persönlich.

Betr.: Befehle zur Sicherung der E-Stellen bezw. ihrer Horste gegen Feindeinwirkungen pp.

Bezug: 1. Fernschreiben Kdo.d.E. v. 7.4.44 Nr. 059 B.Nr. 18 888/44 ge
2. Kdo. Flugh. Bereich 6/XI v. 16.4.44 B.Nr. 109/44 g.Kdos.

Im Verlauf des jetzigen Krieges sind eine Reihe von Befehlen vorgesetzter Dienststellen eingegangen, mit welchen die Ergreifung von Maßnahmen verschiedener Art zur Sicherung gegen Feindeinwirkung befohlen wurde. Solche Befehle haben sich im Laufe des letzten Jahres, insbesondere in den jüngst vergangenen Monaten, gehäuft. Dabei wurde in der Regel die Durchführung in kürzester Frist bezw. "sofort" befohlen.

Die vorgenannten Befehle enthalten in ihrer Mehrzahl auch den Hinweis, dass die Kommandeure bezw. Kommandanten für die Durchführung voll verantwortlich seien. Verschiedentlich wurde darauf hingewiesen, dass Zurückstellen der Durchführung mangels etwa benötigter Arbeitskräfte oder Baumaterialien oder dergl. keinesfalls zugelassen werden könnte, und dass die volle Verantwortung für schnellste Durchführung bestehen bleibe, wobei den Organisationsfähigkeiten und dem Improvisationsvermögen weitgehendst Raum zu geben sei. Nachdem in den letzten Tagen wieder zwei derartige Befehle in Tarnewitz eingegangen sind, siehe Bezug, wird es für notwendig gehalten, zu der Ausführung solcher Befehle grundsätzliche Stellungnahme vorzulegen:

1. Die eigentlichen Aufgaben der E-Stelle sind sowohl von weittragender Bedeutung für die Fortführung des Krieges, als auch beanspruchen sie bei der Schwäche des Horstpersonals das Personal der E-Stelle in solchem Maße, dass die vordringliche Durchführung von Aufgaben anderer Art in jedem Falle einen nach den bisher befohlenen Dringlichkeitsgraden nicht tragbaren Einbruch in die Erprobungsarbeiten und einen entsprechenden starken Zeitverlust zur Folge haben müssen.

2. Die meisten hier am Ort zu wirklich voller Sicherung notwendigen Maßnahmen setzen Bauarbeiten voraus, zu deren Durchführung tatsächlich weder Personal noch Material zur Verfügung stehen, es sei denn, dass beides von den ausschließlich für bestimmte Bauwerke genehmigten und angelieferten Kontingenten entnommen wird. Solche Entnahme wäre ein nach den bestehenden Verordnungen als kriminell zu verfolgendes Vergehen, auf welches entsprechende Strafandrohung (nicht unter Gefängnis) steht.

„Dem Herrn Kommandeur persönlich“: Befehle zur Sicherung der E-Stellen bzw. ihrer Horste gegen Feindeinwirkungen. 18. 4. 1944

EINBLICKE IN DAS ARBEITSFELD

Obwohl die Erprobungsstelle seit 2. Mai 1945 nicht mehr existierte, wurden Mitarbeiter-„Beurteilungen" geschrieben. Zum Beispiel über Obermeister Hellmut Heylingenstädt. Folgenden „Tätigkeitsbericht" verfasste am 15. 6. 1945 der E-Stellen-Leiter:

„Herr Hellmuth Heylingenstädt, geb. 2. 1. 1910 zu Dresden, war vom 16. 10. 35 – 31. 8. 37 bei der Erprobungsstelle Travemünde in der feinmechanischen und optischen Versuchswerkstatt als Werkmeister tätig. Anschließend wurde Herr Heyligenstädt zu der Erprobungsstelle der Luftwaffe Tarnewitz versetzt und übernahm dort als Obermeister die Leitung der feinmechanischen Versuchs- und Entwicklungswerkstätten. Sein Aufgabengebiet wurde insofern erweitert als in Tarnewitz in diesen zusammengefaßt waren die Elektro-, Zielgeräte-, Lafetten- und Schleppscheibenwerkstätten, zu denen noch umfangreiche Tiefkältemaschinenanlagen gehörten.
Als Personal waren ihm 50 – 60 Angestellte und hochwertige Fachkräfte unterstellt. In dieser Tätigkeit hatte Herr Heyligenstädt Gelegenheit, einmal sein praktisches Fachwissen unter Beweis zu stellen, aber auch entsprechend der Eigenart des Versuchsbetriebes seine konstruktive und erfinderische Veranlagung. Zahlreiches Versuchshilfsgerät ist ganz oder teilweise auf seine Iniziative zurückzuführen und wurde später von anderen Dienststellen übernommen bzw. ging in Serienfertigung.
Das daraus resultierende Beurteilungsvermögen wie auch das große Vertrauen, daß ihm seitens der gesamten Belegschaft der Erprobungsstelle entgegengebracht wurde, führte dazu, daß er seitens der Dienststelle mit der Bearbeitung des gesamten Vorschlagwesens beauftragt wurde und mit bestem Erfolg ca. 2 Jahre inne hatte.
Zahlreiche Prämienzahlungen an Gefolgschaftsmitglieder wurden während dieser Zeit durch ihn erwirkt.
Ab Herbst 1944 wurden die wichtigsten Werkstatteinrichtungen nach au-

ßerhalb verlagert. Die entsprechende Planung führte Herr Heyligenstädt selbständig durch und übernahm nach Fertigstellung die Gesamtleitung dieser Werkstätten.
Zu erwähnen bleibt, daß seine Aufgaben die Teilnahme an Luftversuchen bedingten, in deren Folge er mit großer Einsatzfreudigkeit an zahlreichen Flugversuchen teilnahm.
Die Anerkennung seiner Leistungen fand Ausdruck durch die Verleihung des KVK 2. Klasse im Mai 1941 und durch Verleihung des KVK 1. Klasse im April 1944.
Er wurde entlohnt ab 1. 9. 1937 nach Gehaltsgruppe TOA V b zusätzlich einer monatlichen Leistungszulage von RM 40.-."

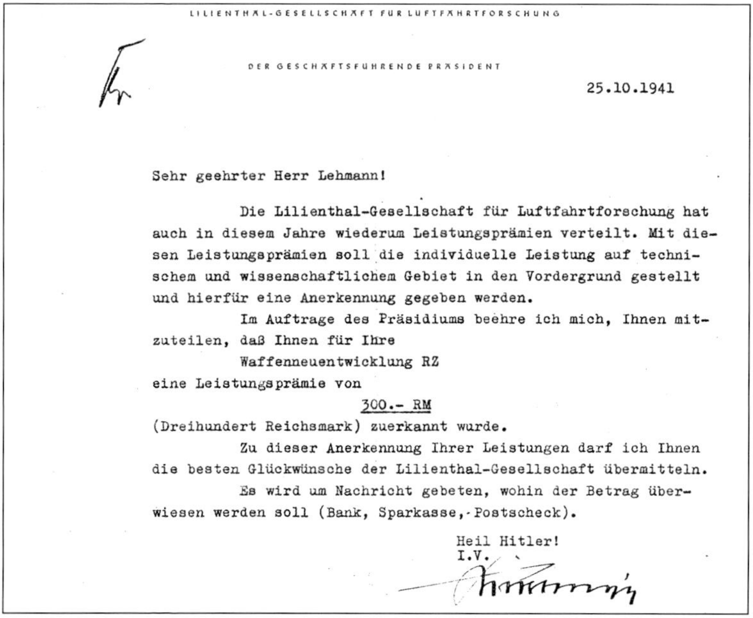

LILIENTHAL-GESELLSCHAFT FÜR LUFTFAHRTFORSCHUNG

DER GESCHÄFTSFÜHRENDE PRÄSIDENT

25.10.1941

Sehr geehrter Herr Lehmann!

Die Lilienthal-Gesellschaft für Luftfahrtforschung hat auch in diesem Jahre wiederum Leistungsprämien verteilt. Mit diesen Leistungsprämien soll die individuelle Leistung auf technischem und wissenschaftlichem Gebiet in den Vordergrund gestellt und hierfür eine Anerkennung gegeben werden.

Im Auftrage des Präsidiums beehre ich mich, Ihnen mitzuteilen, daß Ihnen für Ihre

Waffenneuentwicklung RZ

eine Leistungsprämie von

300.- RM

(Dreihundert Reichsmark) zuerkannt wurde.

Zu dieser Anerkennung Ihrer Leistungen darf ich Ihnen die besten Glückwünsche der Lilienthal-Gesellschaft übermitteln.

Es wird um Nachricht gebeten, wohin der Betrag überwiesen werden soll (Bank, Sparkasse, Postscheck).

Heil Hitler!
I.V.

Leistungsprämie: 300 Reichsmark für eine Waffenneuentwicklung

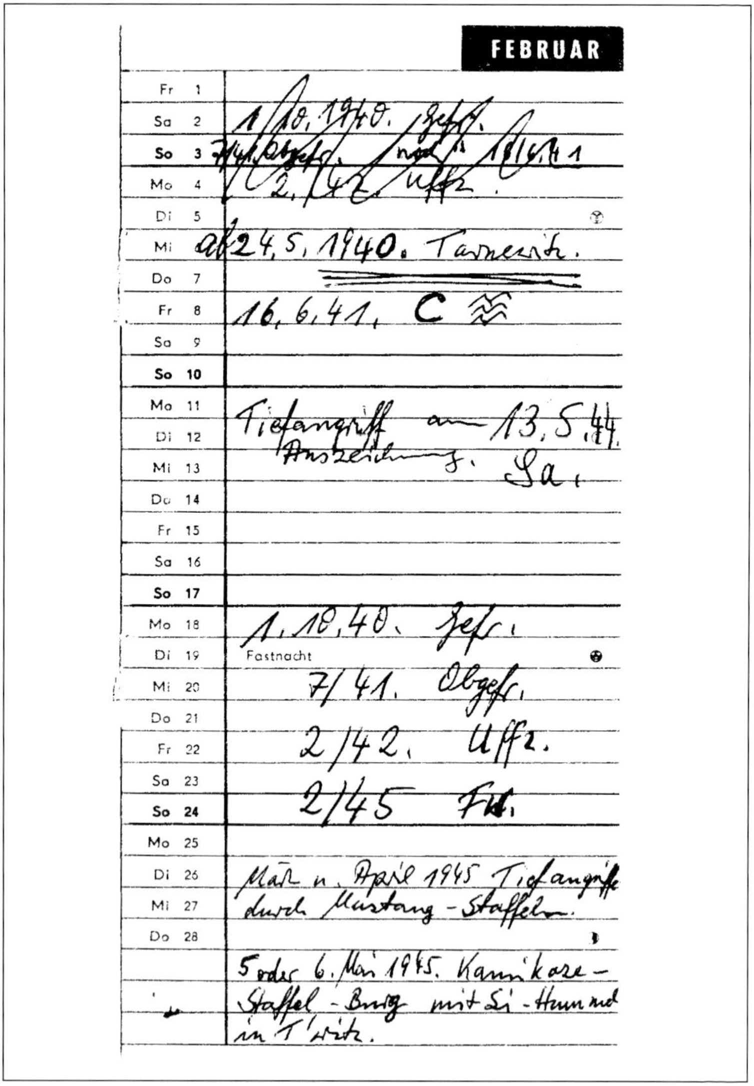
FEBRUAR

1/10.1940. Gefr.

ab 24.5.1940. Tarnentw.

16.6.41. C

Tiefangriff am 13.5.44.
Auszeichnung f. Sa.

1.10.40. Gefr.

Fastnacht

7/41. Obgefr.

2/42. Uffz.

2/45 Fw.

März u. April 1945 Tiefangriffe durch Mustang-Staffeln.

5 oder 6. Mai 1945. Kamikaze-Staffel-Burg mit Si-Hummel in T'witz.

Kalenderaufzeichnungen eines E-Stellen-Angehörigen

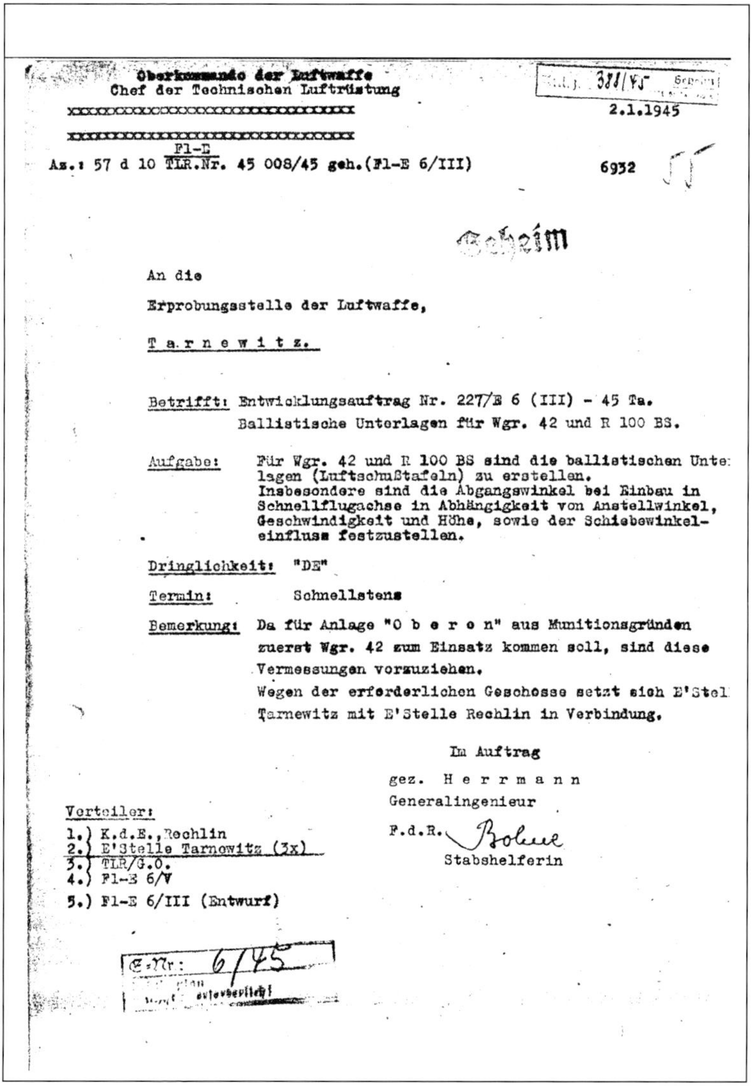

Oberkommando der Luftwaffe
Chef der Technischen Luftrüstung

2.1.1945

xxxxxxxxxxxxxxxxxxxxxxxxxxxxxxxxxxxxxx

xxxxxxxxxxxxxxxxxxxxxxxxxxxxxxxxxxxxxx

Az.: 57 d 10 TLR.Nr. 45 008/45 geh.(Fl-E 6/III) Fl-E

6932

Geheim

An die

Erprobungsstelle der Luftwaffe,

T a r n e w i t z.

Betrifft: Entwicklungsauftrag Nr. 227/E 6 (III) - 45 Ta.
Ballistische Unterlagen für Wgr. 42 und R 100 BS.

Aufgabe: Für Wgr. 42 und R 100 BS sind die ballistischen Unterlagen (Luftschußtafeln) zu erstellen. Insbesondere sind die Abgangswinkel bei Einbau in Schnellflugachse in Abhängigkeit von Anstellwinkel, Geschwindigkeit und Höhe, sowie der Schiebewinkeleinfluss festzustellen.

Dringlichkeit: "DE"

Termin: Schnellstens

Bemerkung: Da für Anlage "O b e r o n" aus Munitionsgründen zuerst Wgr. 42 zum Einsatz kommen soll, sind diese Vermessungen vorzuziehen.
Wegen der erforderlichen Geschosse setzt sich E'Stel[le] Tarnewitz mit E'Stelle Rechlin in Verbindung.

Im Auftrag

gez. H e r r m a n n
Generalingenieur

F.d.R. Bolue
Stabshelferin

Verteiler:
1.) K.d.E., Rechlin
2.) E'Stelle Tarnewitz (3x)
3.) TLR/G.O.
4.) Fl-E 6/V
5.) Fl-E 6/III (Entwurf)

E-Nr.: 6/45

Fünf Minuten vor zwölf: Noch ein Geheimauftrag für Tarnewitz

GEHEIMDOKUMENT: TEST VON RAKETENGESCHOSSEN

BACHEM-WERK G.M.B.H.
WALDSEE-WÜRTTEMBERG

Geheim
Nr. 72

Verteiler:	Anwesend:	Betrifft: Erfahrung mit RZ 65 und MK 108
B T Tp Tp/Uhlig	Zuständige Sachbearbeiter Schwarz und Langhammer MTT Dipl.-Ing. Offik BWW	Bezug: Besuch bei MTT in Oberammergau Haustelefon 66 Niederschrift Nr.: T 40/44 — Tag: 19.9.1944 Beginn: — Für Erledigung verantwortlich: Tp Ende:

Lfd. Nr.	Vorgang	zu erledigen von	bis	Bemerkungen
1.	Die RZ 65 ist ein Raketengeschoss von 65 mm Kaliber bei einer Austrittsgeschwindigkeit von 280 mtr. pro Sekunde bei offenem Rohr, Rückstoss hierbei ca. 120 bis 150 Kilo. Das Geschoss ist auf Splitterwirkung aufgebaut, d.h. es besitzt keine Minenwirkung. Die Stabilisierung erfolgt durch Drall.			
2.	Die Treffsicherheit der RZ 65 ist sehr schlecht. Versuche in Tarnewitz durch Stabsing. Lehmann ergaben, dass bei einer Entfernung von 200 mtr. ein Blennheim von vorn bei Abgabe von 20 Schuss nur einen leichten Treffer aufwies. Die übrigen 19 Schuss streuten auf eine Fläche von ca. 20 x 30 mtr.			
3.	Der Einbau der Lafetten für 12 Rohre für RZ 65 von MTT war einwandfrei. Die Abgabe der Salven erfolgte durch den Flugzeugführer wahlweise in 3 Stufen zu je 4 Schuss.			
4.	Bei Schrottschuss mit bisher vorhandenen Raketengeschossen ist der gegenseitigen Beeinflussung grösste Beachtung zu schenken. Durch die geringe Anfangsgeschwindigkeit und die Form der Geschosse treten häufig durch die Wirbelschleppen Störungen auf, die entweder zum Zusammenprall der Geschosse oder zu starken Abweichungen führen.			
5.	Die RZ 65 Herstellung wurde eingestellt und von MTT nicht mehr weiter verfolgt, weil erstens das Geschoss zu stark streut, zweitens die Splitterwirkung nicht ausreichend ist um mit einem Schuss ohne lebenswichtige Teile zu treffen, einen Bomber zum Absturz zu bringen.			

- 2 -

19 - 1 - / 1 / 43 - E O/1084

Schon 1937 begannen in Tarnewitz Versuche mit Raketen. Ingenieur Erich Bachem aus Bad Waldsee gab hierzu wesentliche Impulse

Blatt 2 zu Protokoll Nr. 40/44 vom 19.9.44

Lfd. Nr.	Vorgang	zu erledigen von	zu erledigen bis	Bemerkungen
6.	MTT empfiehlt unbedingt bis auf weiteres den Einbau von 2 MK 108 und schiessen mit 3 cm Minen, eventuelle Zusammenfassung mehrerer Rohre zu einem Salvengeschoss, wie uns bereits durch Fa. Borsig vorgeschlagen. Unbedingt darauf achten, dass vorhandene Teile verwendet werden, da bei Waffen- und Geschosserprobung mit Neuerungen grosse Rückschläge nie ausbleiben.			
7.	Die Wirkung einer 3 mm Mine ist nach Aussagen von Brillantenträger Hauptmann Hartmann in jedem Falle ausreichend, um bei einem Treffer, wobei der Aufschlagpunkt gleichgültig ist, jeden Bomber mit Sicherheit zum Absturz zu bringen. Nach einem Bericht von Hauptmann Schnaufer genügen zur Zeit im Durchschnitt 15 mit MK 108 abgegebene Schüsse, um einen Abschuss (Treffer) zu erzielen.			
8.	Die Reichswerke Hermann Göring, Sachbearbeiter Dr. Rolitz, Berlin, Albrecht-Achillesstrasse entwickelt zur Zeit 2 cm Minen mit ca. 20 cm Länge, die ausschliesslich für Schrottschuss entwickelt werden. Die brauchbare Schussentfernung scheint jedoch verhältnismässig kurz zu sein und die Wirkung einer 2 cm Mine wohl nicht ganz genügend, um bei einem Treffer in der Nähe unwichtiger Teile einen Absturz herbeizuführen. Besuch von einem Vertreter von BWW bei Dr. Rolitz zum Austausch von Erfahrungen erfolgt demnächst.	Tp Uhlig	30.9.	

Waldsee, den 20.9.1944

Der Techn. Leiter

[Unterschrift]

19-1-/1/43 E O/1084

GEHEIM-PROJEKT „NATTER“

VII 1

Abschrift

H. Schmidt z. K.
13.11.44

Geheim

Osterode/Harz, den 7.10.1944
Bü/E

Aktenvermerk Nr. 536

Anwesend: Fl.Stabsing. Bühler
Herr Heber (Zeitweise)
Herr Greger Fa. Heber

Betr.: Projekt "Natter"

Die Entwicklung des Projektes Natter bei der Firma Heber wird etwa nach folgemdem Programm durchgeführt:

1). Prinzipversuch mit 5fach Abschußrohr mit Ableitkanal mit ungünstigem Verhältnis der Natter. Mit diesem Gerät werden die ersten prinzipiellen Versuche durchgeführt. Dieses Versuchsgerät ist bis zum 10.10.1944 fertiggestellt. E 6 I sorgt dafür, dass an diesem Tage 10 Schuß Munition zur Verfügung gestellt werden. Diese Munition wird entsprechend der am 5.10.44 der Firma übergebenen Zeichnung ausgeführt sein. Die für das Projekt Natter erforderliche Zündeinrichtung entsprechend dem Vorschlag, den die Firma Heber gemacht hat, wird dabei noch nicht mitgeliefert. Sie muss für die ersten Versuche behelfsmäßig von der Firma selbst gefertigt werden.
Die Munition hat achtfaches Klappleitwerk. Das Leitwerk ist im angeklappten Zustand kalibergleich. Die ersten Versuche werden etwa wie folgt durchgeführt:

a). Beladen alle 5 Rohre. Zum Abschuss kommt nur 1 Rohr.
Zweck: Festellung, ob die anderen hierdurch in Mitleidenschaft gezogen werden.

b). Beladen alle 5 Rohre. Abfeuerung von 3 Stück mit gegenseitiger Zündung, d.h. die Munition wird nacheinander gezündet. Dieses wird ossyllographisch 80 cm vor der Rohrmündung aufgenommen.

Ergebnis dieser Versuche wird sofort E 6 I mitgeteilt.

2). Fertigung einer Mittelstück- und Seitwabe auf Grund der Ergebnisse des ersten Beschusses. Diese Geräte stehen bis 17.10.44 beschussbereit zur Verfügung. Am selben Tage müssen 50 Schuss Munition durch E 6 I an Firma Heber geliefert sein. Auch für diese Munition muss die Firma Heber die Abschusskappen für die Zündung selbst anfertigen.

3). Die Firma B a c h e m liefert gemäss Vereinbarung Bachem-Heber eine Bugatrappe bis 10.10.1944 an Firma Heber. Diese Bugatrappe wird durch Firma Heber mit dem eigentlichen Beschussgerät bis zum 25.10.44 versehen, sodass an diesem Tage ein Beschuss aus der kompletten Bugatrappe erfolgen kann. Erforderliche Munition: 75 Schuss. E 6 I wird die Zurverfügungstellung der Munition veranlassen. Es muss angestrebt werden, dass die Munition komplett mit Zündkappen versehen geliefert wird. Ein Teil dieser Munituon (ca. 30 Stück) soll mit scharfem Geschoss versehen sein.

2

2

4). Im Anschluss an den Versuch mit der Bugatrappe wird die Fertigung von 2o Stück Beschussgeräten für Projekt Natter in Angriff genommen,und zwar nach folgendem Gesichtspunkten:
5 Geräten für die Durchführung der Beschußversuche an den verschiedensten Stellen,z.B. E-Stellen Tarnewitz und E-Stelle Rechlin als Schiessgestell.
15 sollen so ausgeführt sein,dass sie für den Einbau in die Natter verwendet werden können.
Über die Ausführung dieses Bugs muss Firma Heber mit Firma Bachem engste Verbindung aufnehmen.

Zusammenfassung der Termine:

1).5fach Abschußgerät für Prinzipversuch - fertiggestellt zum Beschuss am 1o.1o.1944.
2).Fertigstellung eines kompletten Mittelstücks und einer Seitenwabe bis 17.1o.1944 zum Beschuss.
3).Fertigstellung der Bugatrappe bis 25.1o.1944 zum Beschuss.
4).Fertigung von 2o Stück kompletten Beschusseinrichtungen im November 1944.

Die aufgestellten Termine sind als erster Terminplan aufzufassen. Er kann nur dann eingehalten werden,wenn die Versuche entsprechend den Erwartungen verlaufen und die Munition sowie Atrappe zu dem gestellten Terminen zur Verfügung stehen.
Firma Heber unterrichtet E 6 I laufend über den Stand der Entwicklungsarbeiten,zweckmäßigerweise jede Woche einmal.

gez. Burger · Bühler

Verteiler: Chef TLR Fl E 6 I
" V
" VI
E-Stelle Tarnewitz
Fa.Heber 2x

Das Geheim-Projekt „Natter" brachte am Ende nicht den erhofften Erfolg

1933 / 34	Gebiet bei Tarnewitz für E-Stelle ausgewählt
1935	Sommer - Baubeginn der E-Stelle auf der Halbinsel
1937	Weitgehende Fertigstellung wichtigster Einrichtungen für die E-Stelle / 1. Februar - Sondergruppe aus Travemünde nimmt in Tarnewitz Arbeit auf / Major Umlauff ab 1. März erster Kommandant der E-Stelle / Erste Erprobungen beginnen
1939	Fertigstellung E-Stelle / Mit Kriegsbeginn Tarnungs- und Schutzmaßnahmen / Scheinflugplatz wird angelegt
1940	Tag der offenen Tür / Bis Kriegsende unterschiedlichste Erprobungen mit nahezu allen deutschen Flugzeugtypen / Ausbau und Erweiterung des Flugplatzes
1945	Auflösung der E-Stelle im Mai / Teil der Belegschaft flüchtet mit Schiffen über die Ostsee / Alliierte (Amerikaner, Engländer, Russen) marschieren nacheinander in Tarnewitz ein / Russen sprengen den Flugplatz
1946	Abzug der Russen vom Flugplatz / Wetterstelle entsteht am Eingang
1952 / 53	DDR-Seestreitkräfte übernehmen das Areal

1963	6. Grenzbrigade Küste übernimmt den Standort ab 1. März als Grenzsicherungsposten
1968	Ein Kfz-Park entsteht auf der Halbinsel
1970	Schießplatz für leichte Waffen
1989 / 90	Bundeswehr übernimmt NVA-Gelände / Bundesvermögensamt (neuer Eigentümer) sucht Investor
1993	Oktober: Halbinsel teilweise unter Naturschutz
1995	Sperrung der Halbinsel nach Bombenfund
1996	Bau des Hochwasser-Deichs
1997	Munitionsbergung auf gesamtem Gelände / Investor kauft Halbinsel für Marina-Projekt; danach mehrfache Weiterverkäufe
1999 / 2000	Förderkreis für Luftfahrt birgt diverse Flugzeugfundstücke
2003 / 2005	Ausstellung zur Geschichte des Flugplatzes Tarnewitz im Boltenhagener Kurhaus
2004	Der Dokumentar-Report „Mythos Tarnewitz" erscheint in 1. Auflage im Boltenhagen Verlag
2008	April: Eröffnung der Weißen Wiek Boltenhagen

Verwendete Literatur:
Heinrich Beauvais, Karl Kössler, Max Mayer, Christoph Regel: *„Die deutsche Luftfahrt, Flugerprobungsstellen bis 1945. Johannisthal, Lipezk, Rechlin, Travemünde, Tarnewitz, Peenemünde-West"* unter Mitarbeit von Heinz Borsdorff, Mathias Jens, Dr. Volker Koos, Hanfried Schliephake, Bernard & Graefe Verlag Bonn 1998; *„E-Stellen Travemünde und Tarnewitz"*, 3., erweiterte Auflage, Luftfahrt-Verlag Axel Zuerl, Steinebach-Wörthsee; Informationen des Heimatvereins Grevesmühlen, 7. Jahrgang 1999; Horst Günther: *„Chronik Ostseebad Boltenhagen"*, NWM-Verlag Grevesmühlen 2003; Ausgaben der Ostsee-Zeitung

Fotos:
Privatarchiv Jens, Archiv Boltenhagen Verlag, Privatarchiv Göttsche, Agentur FotoNatur.de, Barta, Baumann, Kaiser, Dr. Koos, Kössler, Kühne, Lehmann, Patrick, Retzlaff, Schäfer, Schimmler, Schliephake, Schwarz, Dr. Speier, Steigmann, Wulff

ANZEIGE

Ferienwohnungen · Ferienhäuser · Immobilien
OSSEBO
Ostsee-Service-Boltenhagen GmbH
WWW.FACEBOOK.COM/OSSEBO
WWW.TWITTER.COM/OSSEBO
Ferienunterkünfte im Ostseebad Boltenhagen
für jeden Anspruch und für jedes Urlaubsbudget!
Ferienwohnungen
Ferienhäuser
Jetzt saisonale Sonderangebote anfragen unter:
Tel.: 038825 21 474 · www.os-se-bo.de · info@os-se-bo.de

2. Auflage 2014,
Paperback, 184 Seiten
ISBN 978-3-937723-23-5
14,90 Euro

Schon als Junge träumt er davon, Arzt zu werden. Gar nicht so einfach für einen wie ihn, der in der DDR eine Altlast mit sich trägt: Er stammt aus mecklenburgischem Uradel und soll – so sein Schuldirektor – erst mal die Sünden seiner Väter wiedergutmachen. Es ist nicht die einzige Querlage in seinem Arzt-Leben in Ost und West. Was Dietrich von Maltzahn erzählt, ist unverfälscht, überraschend und manchmal drastisch. Authentische Episoden aus Klinikalltag, Sprechstunden und Noteinsätzen – hier erinnert sich ein Mann, dessen große Leidenschaft seit einem halben Jahrhundert die Medizin ist.

AUS DEM PROGRAMM DES BOLTENHAGEN VERLAGS

4. Auflage 2015,
Paperback, 200 Seiten,
über 170 Fotos
und Dokumente.
ISBN 978-3-937723-19-8
16 Euro

Dieses Buch ist eine aufregende Reise in die jüngste deutsch-deutsche Geschichte. Sie führt in den DDR-Alltag an der Lübecker Bucht, in einstige Grenz- und Sperrzonen. In eine Zeit, in der Menschen direkt am Ostseestrand wohnten und das Meer vor ihrer Haustür erst nach dem Fall der Mauer sehen durften. Eine Zeit mit Wachtürmen und Kontrollen, Minen und Hundelaufanlagen, Denunziationen und Zwangsumsiedlungen.
Autor Dorian Rätzke sprach mit Zeitzeugen – darunter Bundesaußenminister a. D. Hans-Dietrich Genscher. Und er fand in Archiven bedrückende, bislang unveröffentlichte Dokumente, die das Leben bis zum Mauerfall auf berührende Weise in Erinnerung rufen.